Oneironaut

Simon Rausch

Simon Rausch

ONEIRONAUT

Das Klartraum-Praxishandbuch

Träume kontrollieren, gestalten und bewusst erleben

2. Auflage
Verlag: CreateSpace
ISBN-13: 978-1482712247
ISBN-10: 1482712245
www.createspace.com

Umschlaggestaltung und Layout:
designAtelier MOMMONO
www.mommono.de

Klartraumforum: *www.kt-forum.de*
Klartraum Blog: *www.kt-forum.de/blog*

O | nei | ro | naut [oːˈnaironaʊt]
der; – en, (der Traumreisende; der Traum-Seefahrer
griech. v. oneiros = Traum; nautes = Seefahrer)

INHALTSVERZEICHNIS

1. Einleitung

1. Träume kontrollieren, gestalten und bewusst erleben • 17

2. Der Schlaf

2.1 Die Schlafphasen • 22

Phase 1: NREM-Stadium 1 oder Einschlafphase • 24

Phase 2: NREM-Stadium 2 oder der leichte Schlaf • 24

Phase 3 und 4: NREM-Stadium 3 und 4 Übergang in den Tiefschlaf/der Tiefschlaf selbst • 25

Schlafwandeln • 25

Phase 5: Die REM-Phase • 25

REM-Sleep-Disorder • 27

2.2 Schlafparalyse/Schlaflähmung/Schlafstarre • 28

Schlafparalyse beenden • 30

2.3 Hypnagoge und hypnopompe Halluzinationen • 31

Einschlafen – Hypnagoge Halluzinationen • 31
Aufwachen – Hypnopompe Halluzinationen • 32
2.4 Leicht und schnell einschlafen • 33

3. Trübträume

3.1 Warum träumen wir? • 42
1. Theorie: Übung für das Wachleben • 42
2. Theorie: Erlebtes verarbeiten • 42
3. Theorie: Zufällige Impulse • 43
Angst verlernen • 43
3.2 Perspektive – Wie erleben wir unsere Träume? • 45
Egoperspektive • 45
Third-Person-Perspektive • 46
Feste Ansicht • 46
Körperlose Träume • 46
3.3 Trauminhalte – Wovon träumen wir? • 47

4. Klarträume

4.1 Was ist ein Klartraum? • 51

4.2 Was ist Klarheit? • 52

Klarheit des Körpers • 52

Klarheit des Geistes • 52

4.3 Abkürzungen und Begriffe • 53

Allgemein • 53

Techniken • 56

Reality-Checks • 58

Welcher Reality-Check ist der Richtige? • 64

Die Ausführung • 65

Positiver oder negativer Reality-Check • 68

Der Weg zum Klartraum • 68

Präluzider Traum • 69

Kritische Einstellung • 69

Der geträumte Klartraum • 70

Falsches Erwachen • 71

4.4 Die Klartraum FAQ • 72

4.5 Wahrnehmung im Klartraum • 79

Veränderung der Umgebung • 80

Unterschiede der Wahrnehmung von Klar- und Trübtraum • 81

Ist ein Klartraum realistisch? • 81

Keine exakte Kopie des Wachlebens • 83

Realer als real – Erweiterte Wahrnehmung im Klartraum • 83

Zeit im Klartraum und externe Reize • 84

5. Anleitung zum ersten Klartraum

5.1 Grundvoraussetzung Traumerinnerung • 90

Richtig Traumtagebuch führen • 91

Wie teilt man Träume auf? • 93

Traumstatistik führen • 94

Zeichnungen • 96

Dreamsigns/Traumzeichen •96

5.2 Traumerinnerung verbessern • 97

Allgemein • 98

Vor dem Schlafen • 100

Nach dem Aufwachen/während des Erinnerns • 102

Klartraum-Erinnerung verbessern • 105

Traumerinnerungs-Killer • 106

5.3 DILD-Klarträume durch kritisches Bewusstsein und Reality-Checks • 107

Was ist das kritische Bewusstsein? • 109

6. Klartraum Techniken

6.1 Oberbegriffe: DILD und WILD • 113

6.2 WBTB – Wake Back To Bed • 114

WBTB-FAQ • 116

6.3 Autosuggestion • 118

Autosuggestion nach Plan • 120

6.4 Ziele setzen • 121

6.5 MILD – Mnemonic Induced Lucid Dream • 121

6.6 DEILD – Dream Exit Induced Lucid Dream • 124

6.7 DILD – Dream Induced Lucid Dream • 125

6.8 WILD – Wake Induced Lucid Dream • 126

WILD erleichtern – Eine hypnagoge Übung • 130

61-Punkte-Entspannung • 131

WILD-FAQ • 134

6.9 Trauminkubation • 136

6.10 Rhythm Napping • 137

6.11 Meditation als Klartraum-Hilfe • 138

Visualisierung • 140

In den Schlaf zählen • 141

7. Praxishandbuch Klartraum

7.1 Wünsche bewusst aussprechen • 145

7.2 Erschaffen und verändern • 147

Gegenstände • 141

Personen • 148

7.3 Ortswechsel • 149

Türen • 149

Weitere Hilfen beim Ortswechsel • 150

7.4 Fliegen im Klartraum • 152

7.5 Sex im Klartraum • 154

Den Partner finden • 154

Der Geschlechtsverkehr • 155

Auswirkungen auf den Körper • 156

Kreativ experimentieren • 156

Die Balance finden • 157

7.6 Durch Wände gehen • 158

7.7 Stabilisation • 159

7.8 Traumcharaktere/Traumfiguren • 163

Traumfreunde • 164

7.9 Blockaden im Klartraum • 166

Ungewolltes Erwachen aus dem Klartraum • 167

7.10 Unerwartetes • 168

Gefangen im Klartraum? • 169

7.11 Klartraum-Experimente • 172

Fremdwörter erfragen/verschüttetes Wissen entdecken • 172

Unbekanntes und Unmögliches im Klartraum erleben • 173

Das Muskelgedächtnis trainieren • 174

Schmecken und Riechen • 175

Klarheit durch einen Traumcharakter • 176

8. Traumarbeit

8.1 Traumdeutung • 181

8.2 Kreativität • 183

Kreatives aus Trübträumen • 183

Kreatives aus Klarträumen • 185

8.3 Problemlösung und Selbsterkenntnis • 186

8.4 Albträume • 188

Albträume ändern und neu schreiben • 189

Albträume in Klarträume umwandeln • 189

9. Die Geschichte des Klarträumens

9.1 Berühmte (Klar)Träumer und ihre Errungenschaften • 197

9.2 Die Attikamek-Indianer • 200

9.3 Tibetische Traum Yogis • 200

Weiterführende und verwendete Literatur / Quellen • 204

Über den Autor • 207

Nachwort • 211

Stichwortverzeichnis • 214

Einleitung

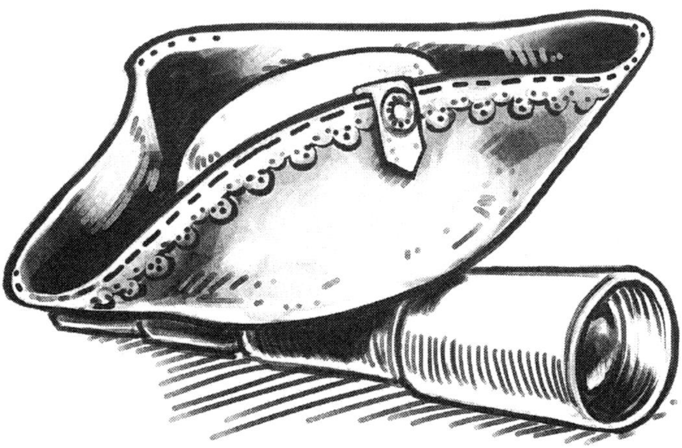

Träume kontrollieren, gestalten und bewusst erleben

Jede Nacht betreten wir aufs Neue fremde Welten und erleben fantastische Abenteuer, ohne dabei unser Bett zu verlassen.
Wir träumen.

Kaum ist man erwacht, verblassen diese Träume und entfliehen in unbekannte Sphären.

Grob 25 Jahre unseres Lebens verbringen wir schlafend – alleine vier Jahre davon sind reine »Traumzeit«.
Diese lange Zeitspanne sollte man nicht nur verschlafen. Nutzen Sie die Zeit kreativ, erfüllen Sie sich Ihre Wünsche und erleben Sie alles, was Sie sich vorstellen können – so, als sei es real. Erschaffen Sie Welten, treffen Sie Personen Ihrer Wahl – alles steht Ihnen im Klartraum offen. Die Grenzen setzt, wie so oft, nur Ihre Phantasie.

Was für viele nach Fiktion klingen mag, erleben Klarträumer Tag für Tag oder besser gesagt Nacht für Nacht. Jeder Mensch kann mit ein wenig Aufwand seine Träume kontrollieren – es ist einfacher, als Sie vielleicht denken.

In diesem Handbuch möchte ich Ihnen all das Wissen vermitteln, welches ich in meiner bisherigen Zeit als Klarträumer gesammelt habe. Gerne können Sie Kapitel auslassen, überspringen oder nur bis zu einem gewissen Punkt lesen. Verwenden Sie dieses Handbuch wirklich wie ein »Handbuch«: Schlagen Sie nach, blättern Sie vor oder zurück und entnehmen Sie ihm die Informationen, die Ihnen auf Ihrem Weg zum Klartraum eine Hilfe sind.

Dieses Praxishandbuch ermöglicht einen leichten und schnellen Zugang zum Thema Klarträumen. Die Kapitel sind bewusst auf das Wichtigste reduziert: Wissen, Erfahrung und praktische Tipps kurz auf den Punkt gebracht. Beginnen wir nun dort, wo alles anfängt, seinen Lauf nimmt und endet: dem Schlaf.

Der Schlaf

Er ist der größte Dieb von allen und gleichzeitig unser wichtigster Begleiter: der Schlaf.
Körper und Geist überleben nicht lange ohne ihn. Schlaf ist bei weitem kein unnötiges Übel, auch wenn er in unserer produktiven Gesellschaft oft nicht gern gesehen ist.

Jeden Abend sterben wir einen kleinen Tod und beginnen am Morgen ein neues Leben. Nur nachts eröffnen sich jedem von uns Welten von ungeahntem Ausmaß.
Wer schläft, ist in seinem Innersten aktiver, als es nach außen den Anschein hat.

Erfahren Sie in diesem Kapitel mehr über die verschiedenen Schlafphasen und ihre Aufgaben, warum wir mehrmals pro Nacht völlig gelähmt sind, was es mit dem Schlafwandeln aufsich hat und wie Sie trotz Stress schnell einschlafen können.

Begleiten wir gemeinsam den kleinen Bruder des Todes und entlocken ihm seine Geheimnisse.

2.1 Die Schlafphasen

Legen wir uns gegen Abend zu Bett, sinkt der dunkle Teppich des Schlafes über uns. Unser Körper ist aber dennoch sehr aktiv. Wer glaubt, im Schlaf passiere »nichts«, der irrt.

Der Schlaf kann grob in 5 Schlafphasen eingeteilt werden:

> Phase 1 :
> NREM (Non-REM) Stadium 1 – die Einschlafphase. Übergang von wach zu Schlaf.
>
> Phase 2 :
> NREM Stadium 2 oder der leichte Schlaf.
>
> Phase 3 und 4 :
> NREM Stadium 3 und 4 – Der Übergang in den Tiefschlaf/der Tiefschlaf selbst.
>
> Phase 5 :
> Die REM-Phase – Der REM (Rapid Eye Movement)-Schlaf.

NREM steht für »Non-REM« und bezeichnet alle »Nicht-REM-Phasen«: Phasen 1 – 4.

REM steht für »Rapid Eye Movement«, was »schnelle Augenbewegungen« bedeutet und bezeichnet die fünfte und letzte Schlafphase.

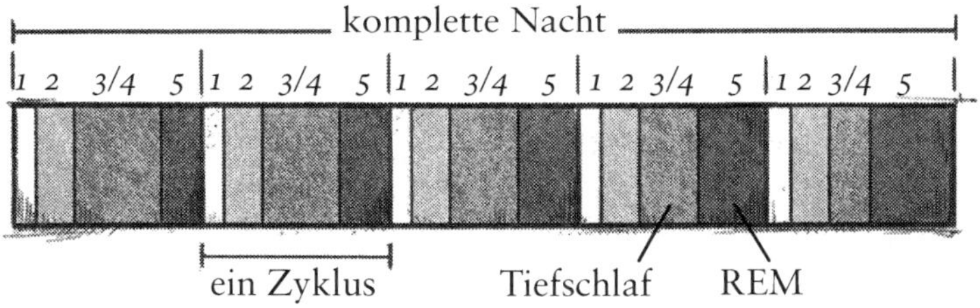

Die Schlafphasen wiederholen sich mehrmals pro Nacht, ca. in einem 90-Minuten-Zyklus. Nach 90 Minuten sind alle fünf Schlafphasen durchlaufen und der Zyklus beginnt von vorne.

Zu Beginn der Nacht überwiegt der Tiefschlaf pro Zyklus, gegen Ende nimmt dieser ab, gleichzeitig steigt der Anteil des REM-Schlafes an.

In jedem Zyklus werden die fünf Schlafphasen komplett durchlaufen.

Im ersten Durchgang des Zyklus ist die REM-Phase nur wenige Minuten lang. Gegen Ende der Nacht kann die REM-Phase bis zu 60 Minuten andauern.

Phase 1: NREM-Stadium 1 oder Einschlafphase

Im ersten NREM-Stadium treten langsam rollende Augenbewegungen auf. Der Muskeltonus (die Muskelspannung) nimmt ab und die Atmung verlangsamt sich. Geräusche können einen in dieser Phase leicht aufwecken.

Phase 2: NREM-Stadium 2 oder der leichte Schlaf

Das zweite Stadium bezeichnet den leichten Schlaf. Personen, die aus dieser Phase geweckt werden, geben oft an, nicht geschlafen zu haben.

Ein weiteres Phänomen, welches in Phase 2 auftritt, ist das Gefühl des Zuckens, Fallens oder Stolperns. Starke Muskelkontraktionen reißen einen hier regelrecht aus dem Schlaf.

Ganz geklärt ist dieses Phänomen noch nicht. Eine Vermutung ist, dass es am Muskeltonus und an fälschlich gesendeten Signalen des Gehirns liegt. Ist der Geist während des Einschlafens schon fast auf »Schlafbetrieb«, ist der im Gehirn für Bewegungen zuständige Bereich noch aktiv. Dieser sendet gelegentlich falsche Signale und erzeugt so das bekannte Zucken.
Nach einer weiteren Theorie ist das Gleichgewichtsorgan des Innenohrs dafür verantwortlich. Feine Härchen senden auch hier falsche Signale, die das bekannte Phänomen auslösen.
Doch diese Theorien sind eben nur Theorien und konnten bis zum Zeitpunkt der Veröffentlichung dieses Buches nicht bestätigt oder widerlegt werden.

Phase 3 und 4: NREM-Stadium 3 und 4 - Übergang in den Tiefschlaf/der Tiefschlaf selbst

Die NREM-Stadien 3 und 4 werden meist in einer Phase zusammengefasst, da sich diese nur geringfügig voneinander unterscheiden.

Folgende Merkmale treten auf:

- Die Skelett – und Augenmuskulatur ist entspannt.
- Es findet Zellteilung statt.
- Wachstumshormone werden ausgeschüttet.

Schlafwandeln

Die Somnambulie, eine andere Bezeichnung für das Schlafwandeln, tritt während des Tiefschlafes (nicht während der REM-Phase, siehe Kapitel 2.1 »*Die Schlafphasen*« Unterpunkt »*REM-Sleep-Disorder*«) auf. Die betroffenen Personen richten sich oft im Bett auf, gehen umher und führen sogar alltägliche Tätigkeiten aus. Dies nehmen Sie aber nicht bewusst wahr.
Die Ursache liegt vermutlich in unseren Genen, doch auch dieses Phänomen konnte noch nicht geklärt werden.

Phase 5: Die REM-Phase

Die REM-Phase kann man als die Haupttraumphase bezeichnen. Obwohl wir in allen Schlafphasen träumen, ist die Erinnerung an REM-Träume am lebhaftesten und detailreichsten. Träume in den NREM-Phasen sind dagegen nicht so plastisch und ähneln mehr Gedankengängen.

Kennzeichnend für die REM-Phase ist die Schlafparalyse, (siehe Kapitel 2.2 *»Schlafparalyse/Schlaflähmung/Schlafstarre«*), in welcher der Körper, mit Ausnahme der Augen, völlig gelähmt ist. Auch die Augenlider sind von der Lähmung betroffen, in wenigen Fällen sind Personen jedoch in der Lage, diese zu öffnen.
Hiervon rührt die Bezeichnung »paradoxer Schlaf«: Äußerlich ist keine Aktivität auszumachen, der Körper ist bewegungsunfähig. Gleichzeitig ist die Gehirnaktivität aber höher als in allen anderen Schlafphasen. Zwei Zustände, die völlig gegensätzlich sind.

Die schnellen Augenbewegungen unter den geschlossenen Lidern, namensgebend für die REM-Phase, stimmen zum Großteil mit denen im Klartraum überein, nicht aber zu 100%. Die Übereinstimmung reicht dennoch aus, um mit außenstehenden Personen, wie Wissenschaftlern im Schlaflabor, kommunizieren zu können.

Versuchspersonen bewegten die Augen nach einem im Wachleben definierten Muster. Das EEG-Gerät (Elektroenzophalografie) zeichnete diese Bewegungen auf und konnte so das vereinbarte Muster deutlich sichtbar machen.

Durch diese Pionierarbeit entstand das Feld der Klartraumforschung und Klarträume fanden einen Platz im Bewusstsein der Wissenschaft und der Gesellschaft.

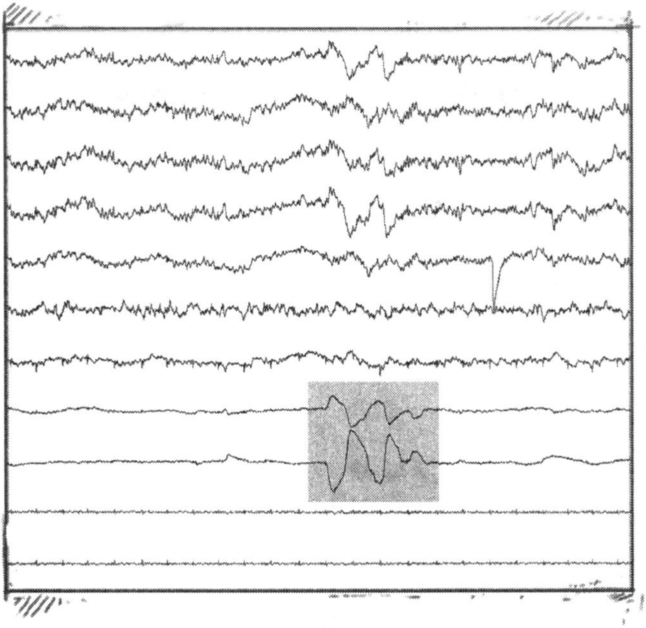

Die Grafik zeigt einen meiner Klarträume, der im Schlaflabor aufgezeichnet wurde. Deutlich lassen sich die LRLRLR (Links Rechts Links Rechts Links Rechts)-Augenbewegungen erkennen.

REM-Sleep-Disorder

Bei der REM-Sleep-Disorder (REM-Schlafstörung) sind die Muskeln des Betroffenen in der REM-Phase nicht gelähmt.

Der Schlafende lebt seine Träume zum Teil oder ganz aus: Es wird um sich getreten, laut gerufen oder sogar das Bett verlassen. All dies findet innerhalb der REM-Phase statt.

Zurückzuführen ist diese Störung auf zerstörtes Gewebe im Hirnstamm.

2.2 Schlafparalyse/ Schlaflähmung/Schlafstarre

Warum fehlt uns die Erinnerung an den Moment des Einschlafens?

Dieser Prozess findet fließend statt. Zuerst wird unser Geist unbewusst, danach schläft unser Körper ein. Das unbewusste Übergleiten in den Schlaf entfaltet sich langsam und entzieht sich unserer Wahrnehmung. Die Erinnerung fehlt, da man bei diesem Vorgang bereits unbewusst ist; der Geist ist bereits eingeschlafen.

Alle Sinne ziehen sich langsam nach innen zurück, sodass man nicht mehr ungewollt geweckt werden kann. Erreicht man nun die REM-Phase, tritt ein sehr interessantes Phänomen auf: die Schlafparalyse.
Nutzt man die WILD Technik (siehe Kapitel 6.8 »*WILD – Wake Induced Lucid Dream*«) oder erwacht man zufällig in der Paralyse, erlebt man eine völlig ungefährliche Bewegungsunfähigkeit. Der Körper ist komplett gelähmt.

Kennt man dieses Phänomen nicht, kann dies sehr beängstigend sein. Einen Grund zur Angst gibt es aber nicht. Dieser

Vorgang findet mehrmals pro Nacht statt. Üblicherweise ist man dabei einfach nicht bei Bewusstsein. Die komplette Körpermuskulatur ist von der Lähmung betroffen, mit Ausnahme der Augen selbst.

In Einzelfällen sind Personen in der Lage, kleinere Muskelgruppen, wie zum Beispiel die Armmuskulatur, zu bewegen.

Zu Beginn und am Ende der Paralyse können folgende Merkmale auftreten:

• Druck/Schwere auf der Brust, ein Gefühl der Beklommenheit und der Eindruck, man könne nur schwer atmen

• Gefühltes Herzrasen

• Gefühltes Flattern der Augenlider

• Schnelle Augenbewegungen

• Halluzinationen (Farben, Personen, Muster) bekannt als hypnagoge beziehungsweise hypnopompe Bilder (siehe Kapitel 2.3 »*Hypnagoge und hypnopompe Halluzinationen*«)

• Phantomgeräusche (oft wird von Stimmen, einem Rauschen, Explosionen oder einem fahrenden Zug berichtet)

Der Einstieg in die beziehungsweise der Ausstieg aus der Schlafparalyse läuft nicht immer gleich ab. Die oben genannten Merkmale können nur teilweise und in unterschiedlicher Reihenfolge auftreten.

Die Mythen des »Albs« (ein Wesen, welches sich auf die Brust des Schlafenden setzt) und des »Succubus« (ein weiblicher Dämon, der Männer in ihren Träumen verführt) könnten durch die Merkmale der Schlafparalyse entstanden sein. In früheren Zeiten konnten die beängstigenden Erlebnisse nicht erklärt werden, und man versuchte, ihnen dadurch ein Gesicht zu geben.

Schlafparalyse beenden

Die Schlafparalyse ist absolut ungefährlich, dennoch kann die Bewegungsunfähigkeit, sollte man in der Paralyse erwachen, großes Unbehagen auslösen. Um die Paralyse auszuleiten und somit zu beenden, gibt es folgenden einfachen Trick:

1. Entspannen Sie sich und kämpfen Sie nicht dagegen an. Locker bleiben, es kann Ihnen nichts passieren.

2. Achten Sie auf Ihre Atmung. Wie atmen Sie gerade? Flach oder tief? Verändern Sie Ihre Atmung gegenteilig:
Bei flacher Atmung: atmen Sie tief.
Bei tiefer Atmung: atmen Sie flach.

Führen Sie diese veränderte Atmung für 10 – 15 Sekunden aus.

> Sie können die Flach- und Tiefatmung auch in willkürlicher Abfolge ausführen. Wichtig ist nur, dass sich Ihr aktuelles Atemmuster plötzlich und auffällig ändert.

Ihr Körper erkennt dadurch, dass Sie nicht unbewusst schlafen, sondern wach sind. Daraufhin wird die Schlafparalyse ausgeleitet. Nach wenigen Atemzügen können Sie sich wieder komplett bewegen.

2.3 Hypnagoge und hypnopompe Halluzinationen

Einschlafen - Hypnagoge Halluzinationen

Während des Einschlafens können sogenannte hypnagoge Halluzinationen auftreten. Diese Halluzinationen stellen die »Vorstufe« des Traumes dar. Aus ihnen formt sich die Traumszene.

Diese Reize lassen sich in zwei Kategorien einteilen:

> VISUELL
> Farben, Formen, Muster und Lichtblitze, welche sich zu: Personen, Gegenständen und Bildern verdichten können.

Auditiv
Stimmen, allgemein Geräusche aller Art. Oft wird von Explosionen oder einem fahrenden Zug berichtet.
Auditive Halluzinationen werden auch als »Phantomgeräusche« bezeichnet.

So kann aus einem schimmernden blau-goldenen Licht ein See werden, auf dem sich die Sonne spiegelt – oder das verspielte Muster entpuppt sich bei näherer Begutachtung als orientalischer Wandteppich.

Dies ist auch der Grund, warum Träume keinen »Anfang« besitzen. Man erinnert sich in der Regel nicht an die hypnagogen Halluzinationen. Genau wie bei einem fertigen Gemälde, sieht man nur das Endprodukt, nicht die grobe Skizze, die den Anfang des Bildes darstellt.

Aufwachen - Hypnopompe Halluzinationen

Finden dieselben Merkmale während des Aufwachens statt, bezeichnet man sie dagegen als hypnopompe Halluzinationen.

Hypnagoge – bzw. Hypnopompe Bilder umfassen ausschließlich visuelle Halluzinationen.

2.4 Leicht und schnell einschlafen

Schnell einzuschlafen verlängert die gesamte Schlafdauer, was zu mehr und verlängerten REM-Phasen führt. Da dies die Haupttraumphase ist und auch die meisten Klarträume in den REM-Phasen stattfinden, steigt somit die Wahrscheinlichkeit auf einen Klartraum. Experimente haben gezeigt, dass man sich bei Weckungen nach oder gegen Ende einer REM-Phase detailreicher an seine Träume erinnert.

Zusätzlich ist es von Vorteil, nach der Wake-Phase der WBTB-Technik (Wake Back To Bed, siehe Kapitel 6.2 »WBTB – Wake Back To Bed«) oder bei der WILD-Technik schnell einzuschlafen.

Fangen wir mit den grundlegenden Dingen an, die es zu beachten gibt:

- Zimmer lüften, Bettdecke und Kissen aufschütteln
- Zimmer abdunkeln, Lärm abschotten
- Kein Koffein
- Sport ist hilfreich – nicht zu viel und nicht direkt vor dem Schlafengehen

- Kein TV/Internet vor dem Schlafen

Folgende Techniken helfen Ihnen, schnell einzuschlafen:

Umgekehrtes Blinzeln

Legen Sie sich in Ihr Bett oder auf eine weiche Unterlage und schließen Sie Ihre Augen.

Öffnen Sie Ihre Augen nun ca. alle fünf Sekunden für den Bruchteil eines Moments.
Versuchen Sie in diesem winzigen Moment alles in Ihrem Sichtfeld wahrzunehmen. Es spielt keine Rolle, falls Sie nur ungenaue und dunkle Schatten oder verschwommene Umrisse wahrnehmen. Versuchen Sie diese so »genau« wie möglich zu erkennen.

Nach 5 bis 10 Minuten werden Sie entspannt sein und eine starke Müdigkeit verspüren. Hat die Müdigkeit einen gewissen Punkt erreicht, können Sie sich in Ihre gewohnte oder gewollte Schlafposition begeben und werden fast sofort einschlafen.

Mit geschlossenen Augen wach bleiben

Schließen Sie Ihre Augen und blicken Sie leicht nach oben. Versuchen Sie, mit geschlossenen Augen wach zu bleiben. Es klingt paradox, doch dies lässt Sie sehr schnell einschlafen.

Details visualisieren

Visualisieren Sie mit geschlossenen Augen so viele Details wie möglich zum Beispiel ein Schwarm von Fliegen oder ein Gemälde. Welches Bild Sie visualisieren, spielt dabei keine Rolle. Versuchen Sie, so viele Details wie möglich zu visualisieren.

Progressive Muskelentspannung

Beginnen Sie bei Ihren Zehen. Spannen Sie Ihre Zehenmuskulatur an und lockern Sie diese nach ein paar Sekunden. Wiederholen Sie dies mehrmals.

Führen Sie den Vorgang nun mit allen Muskelgruppen ab den Zehen aufwärts durch, bis Sie bei Ihrem Kiefer angelangt sind.

Rückwärts denken

Schwirren einem noch die Erlebnisse und Eindrücke des Tages durch den Kopf, tut man sich mit dem Einschlafen besonders schwer.
Sortieren Sie deshalb Ihre Gedanken. Dies beruhigt und lässt Sie schneller einschlafen. Nutzen Sie dazu folgende Technik:

Legen Sie sich in Ihr Bett oder auf eine weiche Unterlage und schließen Sie Ihre Augen. Nun stellen Sie sich rückwärts jeden Moment/jede Aktion des Tages vor.
Beginnen Sie mit dem eben Passierten und arbeiten Sie sich

rückwärts durch Ihren Tag, bis zu dem Moment in dem Sie aufgewacht sind.

Den Kiefer entspannen

Der stärkste Muskel im ganzen Körper wird leider auch am wenigsten entspannt: der Kaumuskel.

Verspannt kann dieser zum Zähneknirschen im Schlaf führen – ein weiterer Grund, die folgende Übung durchzuführen:

1. Öffnen Sie Ihren Mund. Sie spüren im hinteren Bereich Ihrer Backen auf beiden Seiten einen Muskel, der sich beim Öffnen und Schließen des Kiefers spannt und entspannt (ca. auf Höhe der Ohrläppchen kurz vor dem Kiefergelenk).

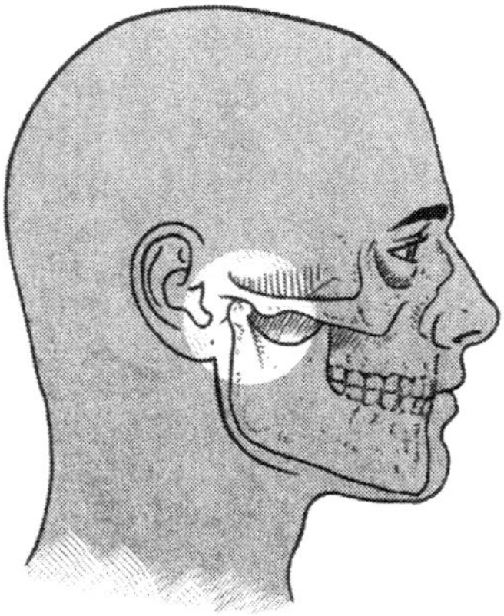

Position des Muskels

2. Drücken Sie mit beiden Daumen mehrmals für einige Sekunden fest gegen diese Muskelbereiche.

Meditation

Meditieren Sie, um Ihre Gedanken zu kanalisieren und Ihren Geist zu entspannen (siehe Kapitel 6.11 »Meditation als Klartraum-Hilfe«).

Ein heisses Bad nehmen

Die Wärme trägt zur Muskelentspannung bei und lässt Sie schnell müde werden. Ätherische Öle im Badezusatz befreien zusätzlich die Atemwege. Sie entspannen, kommen zur Ruhe und schlafen so besser und schneller ein.

Trübträume

Jeder Mensch träumt in jeder Nacht seines Lebens. Vier Jahre unserer Lebenszeit verbringen wir damit, nächtliche Welten zu besuchen und wunderbare Abenteuer zu erleben. Ein nicht gerade kleiner Teil unseres Lebens – und dennoch konnte man bis heute nicht klären, warum wir träumen.

Aus dem Kapitel 2.3 »*Hypnagoge und hypnopompe Halluzinationen*« wissen wir, dass wir uns an den »Anfang« der Träume in der Regel nicht erinnern.

Ein weiteres Merkmal des Träumens ist, dass unser Sinn für Logik inaktiv ist. So wie ein Blinder nicht in der Lage ist zu sehen, sind wir nicht in der Lage, zwischen Logischem und Unlogischem zu unterscheiden.

Durch Reality-Checks und das kritische Bewusstsein (siehe Kapitel 5.3 »*DILD-Klarträume durch kritisches Bewusstsein und Reality-Checks*« Unterpunkt »*Was ist das kritische Bewusstsein?*«) trainiert der Klarträumer sein Logikzentrum, sodass es während des Träumens aktiv wird. Während des Träumens sind wir völlig davon überzeugt, dass wir uns in der Realität befinden.

Ob Trüb – oder Klartraum: Träume haben eine immense Auswirkung auf unseren Körper. Glücksgefühle und Adrenalin werden ausgeschüttet und der Puls kann sich aufgrund eines Traumes verändern.

Träume sind also bei Weitem mehr als nur Schäume.

3.1 Warum träumen wir?

Warum wir träumen, wurde noch nicht eindeutig bewiesen. Sicher ist, dass jeder Mensch in jeder Nacht träumt.

Wer glaubt, nicht zu träumen, kann sich nur einfach nicht an seine Träume erinnern.

Zur Frage, warum wir träumen, gibt es verschiedene Theorien:

1. Theorie: Übung für das Wachleben

Der Trübtraum könnte eine Art Vorbereitung auf das Wachleben sein, eine Simulation in welcher wir (unwissend) gefahrlos dem Säbelzahntiger gegenübertreten können. Während wir träumen, erscheint die Gefahr für uns völlig real. Doch warum vergessen wir dann am Morgen die meisten unserer Träume? Der Großteil ist nach dem Öffnen der Augen am Morgen vergessen.

Vielleicht hat der Traum, direkt, nachdem wir diesen geträumt haben, seinen Zweck erfüllt und kann deshalb in unbekannte Sphären entgleiten.

2. Theorie: Erlebtes verarbeiten

Eine weitere Theorie besagt, dass wir im Traum die Eindrücke des Tages erneut erleben und verarbeiten. Gleichzeitig wird »Überflüssiges« aussortiert und Wichtiges abgelegt.

3. Theorie: Zufällige Impulse

Eine weitere Theorie besagt, dass Träume nur zufällige Impulse sind. »Gedankenmüll«, wenn man so will. Da Sie sich aber dieses Handbuch zugelegt haben, nehme ich an, dass Sie genau wie ich diese Ansicht nicht teilen. Falls doch, hoffe ich, Sie im weiteren Verlauf des Buches vom Gegenteil überzeugen zu können.

Träume sind von ihrem natürlichen Wesen her sehr chaotisch. Dennoch habe ich schon oft gut durchstrukturierte und sinnige Träume erlebt, die Hollywood nicht besser hätte inszenieren können.

Geschichten, welche nicht das reine Produkt des Zufalls sein können. Des Weiteren haben mir Träume schon oft Antworten auf Fragen und Hilfe beschert, als ich im Wachleben nicht mehr weiter wusste. Dies macht es für mich einfach unglaubwürdig, das es sich hierbei nur um zufällige Impulse handeln soll.

Warum wir letztendlich träumen, wird die Forschung und die Zeit zeigen müssen. Eines ist aber klar: Träume spiegeln das Innenleben des Träumers wider.

Man kann wertvolle Hilfe für sein Leben, Antworten auf Fragen und kreative Anstöße aus seinen Träumen ziehen. Man muss sich nur mit ihnen beschäftigen.

Angst verlernen

Wissenschaftler des Max-Planck-Instituts für Psychiatrie fanden heraus, dass der REM-Schlaf dazu beiträgt, Angst »zu verlernen«.

Angst ist wichtig, denn nur durch Angst überleben wir in gefährlichen Situationen. Das Herz schlägt schneller und die Körpertemperatur nimmt zu. Die Aufmerksamkeit wird gesteigert und es wird mehr Energie aus den Fettreserven verbrannt. Die Lungen nehmen mehr Sauerstoff auf, Unwichtiges wie der Sexualtrieb und das Hungergefühl werden unterdrückt.

Doch was passiert, wenn die Bedrohung verschwunden ist? Diese Prozesse müssen wieder rückgängig gemacht werden. Das Hungergefühl kehrt zurück und die erhöhte Aufmerksamkeit normalisiert sich wieder. Der Sexualtrieb darf natürlich auch nicht ausbleiben.

Hier kommt der REM-Schlaf ins Spiel, in welchem man lernt, nach der Gefahr zur Normalität zurückzukehren.

Nach einem Autounfall kann das bloße Sehen eines Autos, welches vielleicht nur am Straßenrand parkt, bei dem Betroffenen Angst auslösen. Diese unbegründete Furcht abzulegen, lernen wir im REM-Schlaf.

3.2 Perspektive - Wie erleben wir unsere Träume?

Wir nehmen unsere Umgebung ständig in der Egoperspektive wahr. Man könnte annehmen, dass diese Gewohnheit in unsere Träume übernommen wird. Dem ist nicht so, im Traum wechselt unsere Perspektive.

Drei Perspektiven nehmen wir in unseren Träumen ein:

- Egoperspektive (Ich-Perspektive)
- Third-Person-Perspektive (Verfolgerperspektive)
- Feste Ansicht (Feste »Kameraeinstellung«)

Egoperspektive

Die Egoperspektive, auch Ich-Perspektive genannt, ist jedem vertraut, Sie lesen diese Zeilen gerade in dieser Perspektive.

Die Egoperspektive scheint, gerade weil wir sie ein Leben lang kennen, die am häufigsten auftretende Perspektive in unseren Träumen zu sein.

Third-Person-Perspektive

Bei der Third-Person-Perspektive, auch Verfolgerperspektive genannt, nimmt man das Geschehen aus der Sicht einer Person, die hinter einem steht, wahr.

Diese Perspektive ist in unseren Träumen bei Weitem weniger verbreitet wie die Egoperspektive und die feste Ansicht. Vermutlich wird diese Perspektive in unseren Träumen durch Third-Person Video – und Computerspiele geprägt.

Feste Ansicht

Die feste Ansicht wird stark durch Film und Fernsehen geprägt.
Man sieht sich selbst, aber aus einer festen Perspektive. So als würde eine Kamera das Geschehen filmen.

Körperlose Träume

Nicht immer ist der eigene Körper im Traum vorhanden. Auch gestaltlos kann man Zeuge und Protagonist seiner Träume sein.

Nur wer sich im Klartraum von allen Gewohnheiten des Wachlebens löst, hat eine Chance darauf, die absolute Freiheit zu erleben.

3.3 Trauminhalte - wovon träumen wir?

Der Inhalt unserer Trübträume lässt sich natürlich nicht auf bestimmte Themen beschränken, gerade deshalb sind unsere Träume so faszinierend.

Jeder träumt die unterschiedlichsten Geschichten und erlebt nachts seine eigenen Abenteuer.
Doch Themen wie Liebe und Angst scheinen besonders häufig aufzutauchen. Das, was wir besonders schätzen und vor dem wir uns besonders fürchten, findet seinen Weg in unser nächtliches Kopfkino.

Träume erfüllen unsere Wünsche, doch dieser Wunsch ist nicht immer leicht zu erkennen. Wörtlich sollte man Träume in den seltensten Fällen nehmen.

Mit der richtigen Traumarbeit (siehe Kapitel 8 »*Traumarbeit*«) sind Sie aber in der Lage, Ihren Träumen die wahre Bedeutung zu entlocken.

Der Trauminhalt wird stark davon beeinflusst, was wir aktuell und in der Vergangenheit erlebt haben.

Jeder Mensch besitzt seine eigenen Filter, mit denen er entscheidet, was er bewusst wahrnimmt und was ausgeblendet wird. Diese beeinflussen unsere Träume immens. Sie bestimmen, was wir am Tag wahrnehmen und formen dadurch den

Trauminhalt. Mehr zu diesen Filtern finden Sie im Kapitel 8.1 »*Traumdeutung*«.

Klarträume

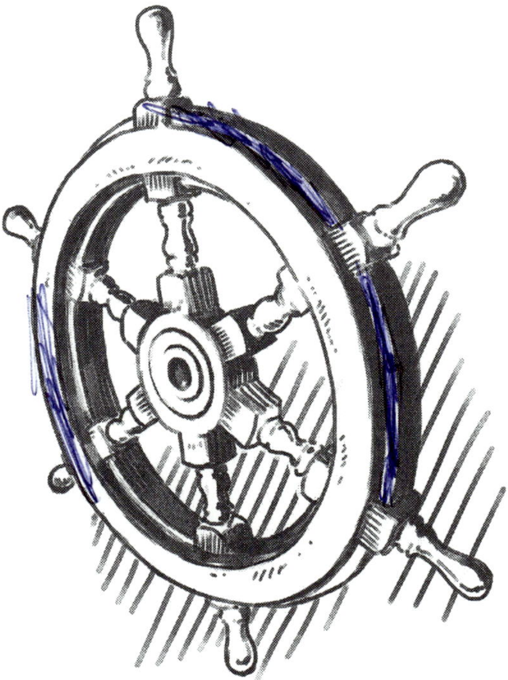

Auch bekannt als luzider Traum, ist der Klartraum wohl die beste Art zu träumen.

4.1 Was ist ein Klartraum?

Unter einem Klartraum versteht man einen Traum, in dem sich der Träumende bewusst ist, dass er gerade träumt.

Der Klarträumer besitzt die absolute Handlungsfreiheit. Er kann gehen, wohin er will, und hat die völlige Kontrolle über das Geschehen. Dinge und Personen erschaffen, die Umgebung verändern – all das ist kein Problem. Klarträume sind – wie der Name bereits sagt – viel klarer und schärfer als Trübträume. Man erinnert sich meist detailreicher an einen Klartraum, als an einen Trübtraum.

Erinnert man sich an einen Trübtraum, fühlt sich dieser oft wie ein lange vergessenes und entferntes Erlebnis an. Der Klartraum ist in der Regel noch so gut in Erinnerung, als sei das Geschehen gerade erst im Wachleben passiert.

Im Klartraum sind, im Gegensatz zum Trübtraum, Teile des präfrontalen Cortex aktiv, welche für die Selbsteinschätzung und die Bewertung der eigenen Gefühle zuständig sind.

4.2 Was ist Klarheit?

Klarheit lässt sich in zwei Bereiche aufteilen: die Klarheit des geträumten Körpers und die Klarheit des Geistes.

Klarheit des Körpers

Der Klarträumer hat die volle Kontrolle über die motorischen Fähigkeiten seines geträumten Körpers. Ist die Klarheit des Körpers nicht voll vorhanden, fallen bestimmte Bewegungen schwer: Die Beine fühlen sich bleiern an, will man einige Schritte gehen, schwankt der Körper unkontrolliert. Das Anheben der Arme ist problematisch, diese scheinen von unsichtbaren Gewichten nach unten gezogen zu werden.

Die Sicht ist bei voller Klarheit scharf, die Umgebung ist deutlich erkennbar. Die Sinne sind voll ausgeprägt, taktile Reize werden wie aus dem Wachleben gewohnt wahrgenommen.

Klarheit des Geistes

Unter die Klarheit des Geistes fallen alle Gedankenprozesse. Über das Geschehen nachdenken, den nächsten Schritt planen, Informationen aufnehmen und auswerten.

Ist die Klarheit des Geistes nicht voll ausgeprägt, kann man nur eingeschränkt auf sein Gedächtnis zugreifen. Vorher festgelegte Ziele sind vergessen, man handelt nicht so, wie man es sich für den Klartraum vorgenommen hat.

Gedanken sind verworren, scheinen aber während des Klartraums logisch.

Die Grenzen, die solche Definitionen setzen, sind fließend und nicht bei jedem Träumer gleich.

4.3 Abkürzungen und Begriffe

Will man sich weiterführend über das Thema informieren, stößt man im Internet zwangsläufig auf einige Abkürzungen. Zur Übersicht finden Sie diese hier aufgelistet und kurz erklärt. Einige dieser Abkürzungen greifen vielleicht etwas vor, werden aber in den jeweiligen Kapiteln ausführlich erklärt.

Allgemein

KT
Klartraum; luzider Traum

TT
Trübtraum; Traum ohne Kontrolle; normaler Traum

WL

Wachleben; Waking Life: das reale Leben

TTB

Traumtagebuch: Ein Buch oder Heft, in welchem man alle seine Träume notiert

TE

Traumerinnerung: Anzahl und Detailgrad der erinnerten Träume

TF

Traumfigur: Person/Charakter in einem Trübtraum/Klartraum

DS

Dreamsign; Traumzeichen: Wiederkehrende Elemente im Trübtraum

RC

Reality-Check = Realitätstest: Test, um festzustellen, ob man sich gerade in einem Traum befindet

SD

Shared Dreams = Träume mit anderen Personen erleben;
gleichzeitiges Träumen miteinander

KB

Kritisches Bewusstsein: Einstellung der Wahrnehmung; Fähigkeit, Dinge zu hinterfragen

UB

Unterbewusstsein

SP

Schlafparalyse; Schlafstarre; Schlaflähmung

AKE

außer-körperliche Erfahrung

REM

Rapid Eye Movement = Schnelle Augenbewegungen

FE

Falsches Erwachen: Man glaubt, aus dem Traum erwacht zu sein, träumt aber immer noch. Meistens erwacht man in der Umgebung, in welcher man eingeschlafen ist

REM-Phase

Schlafphase, in welcher man am aktivsten träumt und in der die meisten Klarträume stattfinden

NREM-Phase

Überbegriff für alle Nicht-REM-Schlafphasen

Oneironaut

Traumseefahrer, Traumreisender, allg. Klarträumer

Oneiroi = griech. f. Träume; nautes = Seefahrer

Hypnagoge Bilder

Halluzinationen: Bilder, Farben, Muster während des Einschlafens

Hypnopompe Bilder

Halluzinationen: Bilder, Farben, Muster während des Aufwachens

HYPNAGOGE/HYPNOPOMPE HALLUZINATIONEN
Überbegriff für visuelle und auditive Halluzinationen beim Einschlafen bzw. Aufwachen

VOID
Nichts, (meist) schwarze Umgebung zwischen den Träumen

PRÄLUZIDER TRAUM, PRÄLUZIDE
Man vermutet zu träumen, ist aber nicht völlig davon überzeugt

GETRÄUMTER KLARTRAUM
Ein vermeintlicher Klartraum, in welchem die Handlungen aber keinen Sinn ergeben/unlogisch sind. Man glaubt nur, die Kontrolle über das Geschehen zu besitzen

Techniken

WILD
Wake Induced Lucid Dream = Wach-induzierter Klartraum: Man bleibt während des Einschlafens bewusst und steigt so direkt in einen Klartraum ein.

DILD
Dream Induced Lucid Dream = Traum-induzierter Klartraum: Man erkennt den Traumzustand während des Träumens und macht so aus dem Trübtraum

einen Klartraum.
(DILD ist keine eigene Technik, sondern beschreibt, wie der Klartraum zustande kommt.)

DEILD
Dream Exit Induced Lucid Dream = Traum-austritts induzierter Klartraum: Man erkennt, wenn man aus dem Traum erwacht, und versucht wieder in den Traum einzusteigen und dabei die Klarheit aufrecht zu erhalten.

MILD
Mnemonic Induced Lucid Dream = Gedächtnis gestützt induzierter Klartraum

CAT
Cycle Adjustment Technique = (Schlaf)Zyklus einstellende Technik

WBTB
Wake Back To Bed = (sinngemäß übersetzt) Aufwachen, wach bleiben und dann zurück ins Bett
(Auch keine Technik zum Herbeiführen von Klarträumen, mehr eine Methode zur Unterstützung anderer Techniken)

AS
Autosuggestion: Dem Unterbewusstsein ein Ziel suggerieren. Beispiel:
»Ich habe heute Nacht einen Klartraum!«

Reality-Checks

Einen Test durchzuführen, bei welchem überprüft wird, ob man sich in der Realität befindet, klingt im ersten Moment zugegebenermaßen ein wenig verrückt.

Würde Ihnen jemand in diesem Moment die Frage stellen, ob Sie gerade träumen, ist Ihre Antwort mit ziemlicher Sicherheit »Nein!« (Natürlich nur, wenn Sie nicht bereits einen Klartraum erlebt haben und mit den Reality-Checks vertraut sind).

Halten wir uns aber noch einmal vor Augen, was wir über Trübträume wissen:

- Man hat keine Erinnerung an den »Anfang« des Traumes.
- Der Sinn für Realität/Logik ist inaktiv.
- Der Trübtraum wird während des Träumens immer als die Realität angesehen.

Diese drei »Gegebenheiten« könnten in eben diesem Moment zutreffen. Sie erinnern sich nicht an einen »Traumanfang«, ungewöhnliche Ereignisse würden Sie als normal ansehen und Sie wären voll überzeugt, dass dies die Realität ist.

Hier geben Ihnen Reality-Checks Gewissheit, ob Sie gerade träumen oder nicht. Erwarten Sie am besten kein bestimmtes Ergebnis. Falls Ihnen dies nicht möglich ist, hoffen Sie einfach darauf, dass Sie sich gerade in einem Traum befinden.

Führt man diese Reality-Checks oft und gewissenhaft während des Tages aus, geht diese Gewohnheit in Ihre Träume über. Dort ist das Ergebnis des Reality-Checks ein Anderes als im Wachleben und lässt den Träumenden erkennen, dass er gerade träumt. Der Trübtraum wird zum Klartraum.

Folgende Reality-Checks gibt es:

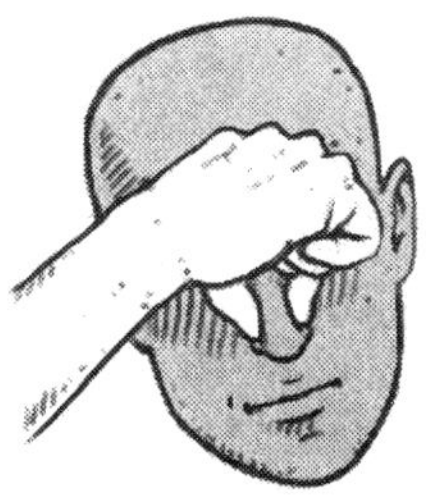

Nasen-RC

Verschließen Sie mit Ihrem Daumen – und Zeigefinger Ihre Nase. Versuchen Sie nun, durch die verschlossene Nase zu atmen. Halten Sie Ihren Mund dabei geschlossen.

Können Sie atmen?

Im Traum spüren Sie, wie Luft durch Ihre verschlossene Nase strömt. Hier überlappen sich die Sinneseindrücke Ihres geträumten Körpers (die geschlossene Nase) und die Ihres realen Körpers, welcher friedlich mit unverschlossener Nase in Ihrem Bett liegt.
Diese paradoxen Signale lassen Sie erkennen, dass es sich um einen Traum handelt.

Wichtig: Nasen-RC bei verstopfter Nase?

Was passiert, wenn wir im Wachleben eine verstopfte Nase haben und im Traum einen Nasen-RC ausführen?

Der Nasen-RC funktioniert zwar, dennoch erscheint das Atmen durch die Nase schwieriger, weniger Luft scheint hindurch zu gelangen. Diese geringere Menge an Luft im Vergleich zu einem normalen Nasen-RC mit freier Nase mindert die Überzeugung, der Reality-Check sei positiv. Es fällt Ihnen schwerer, das Ergebnis des Reality-Checks zu erkennen. Ihr Körper kann zwar im Wachleben nicht durch die verstopfte Nase atmen, dennoch atmen Sie über Ihren Mund weiter.

Gewöhnen Sie sich an, einen Reality-Check nicht nur einmal auszuführen. Gerade am Anfang sollten Sie mehrere Reality-Checks in immer derselben Reihenfolge einüben.

FINGER-RC

Versuchen Sie, einen Ihrer Finger durch Ihre Handfläche oder eine feste Oberfläche zu drücken.

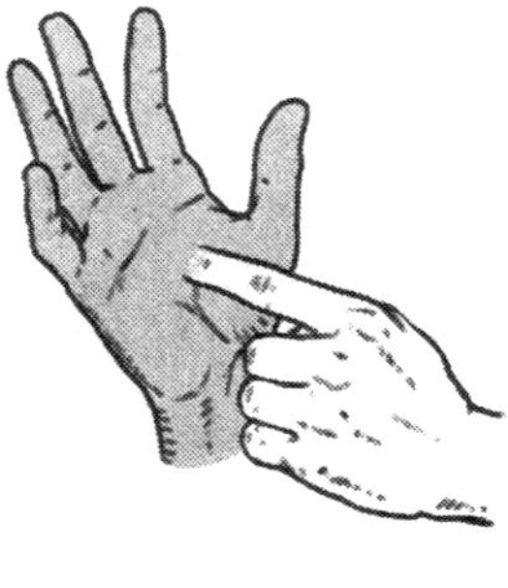

Durchdringen Sie die Handfläche/ Oberfläche?

Im Traum durchdringen Sie feste Stoffe (gelegentlich mit etwas Widerstand) ohne Probleme.

HAND-RC

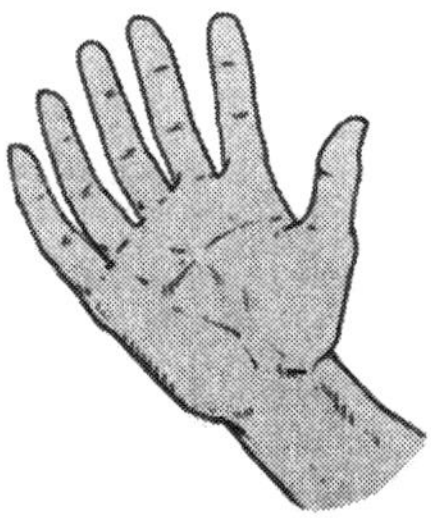

Zählen Sie die Finger an Ihrer Hand. Wenden Sie den Blick kurz ab. Zählen Sie nun Ihre Finger erneut.
Sind zu viele oder zu wenig Finger vorhanden?

Oft stimmt im Traum die Anzahl der Finger nicht oder diese sind stark deformiert. Es kann auch ein Finger aus dem Anderen herauswachsen.

LESE-RC

Suchen Sie sich etwas zu lesen zum Beispiel eine Zeitung oder ein Werbeplakat.

Lesen Sie den Text. Blicken Sie nun weg und wieder zurück. Lesen Sie den Text erneut.
Ist der Text lesbar/der Inhalt konstant?

Im Traum bereiten Texte beim Lesen oft Schwierigkeiten. Wörter oder ganze Sätze verändern sich. Buchstaben verwandeln sich in merkwürdige Symbole.

UHREN-RC

Lesen Sie die Zeit von Ihrer Armbanduhr/einer Uhr in Ihrer Nähe ab.
Ob Digital – oder Analoganzeige spielt keine Rolle.
Ergibt die Uhrzeit Sinn? Sind die Zahlen lesbar?

Statt Zahlen zeigen Uhren oft Buchstaben oder kryptische Symbole. Falsche Uhrzeiten wie zum Beispiel 28:42 Uhr können auftreten.

Analoguhren besitzen im Traum meist zu viele oder nur ein Zeiger.

DREH-RC

Drehen Sie sich auf Ihren Zehen oder der Ferse schnell im Kreis. Bleiben Sie nun abrupt stehen.
Dreht sich die Umgebung weiter? Befinden Sie sich noch am selben Ort?

Oft dreht sich die Umgebung nach dem abrupten Anhalten einfach weiter oder Sie befinden sich plötzlich an einem anderen Ort.

Tipp: Dreh-RC als Stabilisation

Der Dreh-RC eignet sich im Klartraum auch besonders gut

als Stabilisationstechnik. Bemerken Sie, dass ein Klartraum instabil wird und dass Ihnen ein ungewolltes Aufwachen aus dem Klartraum droht, führen Sie den Dreh-RC aus.
Der Klartraum wird sich sofort wieder stabilisieren. Gegebenenfalls kann ein ungewollter Ortswechsel stattfinden.

SPRUNG-RC

Springen Sie aus dem Stand so hoch Sie können.

Ist die Sprunghöhe realistisch? Gleiten Sie realistisch zu Boden?

Im Traum springt man oft viel höher als im Wachleben möglich ist. Auch gleitet man meist sanft und langsam zu Boden.

WO WAR ICH ZUVOR?

Wo waren Sie vor 15 Minuten, welcher Beschäftigung gingen Sie in diesem Zeitraum nach? An welchem Ort waren Sie? Wo sind Sie jetzt?

Fehlt die Erinnerung? Hat sich der Ort in einer unmöglichen Weise verändert?

Träume sind meist nicht konstant und verändern sich ständig. Orte, die im Wachleben weit voneinander entfernt sind, liegen im Traum oft plötzlich direkt nebeneinander.

Das Kurzzeitgedächtnis scheint beeinträchtigt. Haben Sie Schwierigkeiten sich an die vergangenen 15 Minuten zu erinnern, könnten Sie sich in einem Traum befinden.

Welcher Reality-Check ist der Richtige?

Jeder Mensch reagiert anders auf die einzelnen Reality-Checks. Durch die unterschiedlichen Trauminhalte jedes Träumers und dessen Individualität und Gewohnheiten bieten sich bestimmte Reality-Checks an, andere wiederum nicht.

Tauchen beispielsweise kaum Texte in Ihren Träumen auf, ist der Lese-RC ungeeignet. Manche Reality-Checks können aufgrund der aktuellen Situation und Umgebung des Träumers unpassend sein. Der Sprung-RC oder Dreh-RC sorgt in der Öffentlichkeit oder am Arbeitsplatz mit Sicherheit für fragende Blicke und schmunzelnde Gesichter. Auch kann vielleicht der Sprung-RC unzuverlässig sein, wenn Sie einfach nicht erkennen, ob Ihre Sprunghöhe realistisch ist. Jeder Träumer interpretiert die Reality-Checks individuell.

Probieren Sie alle Reality-Checks aus. Nach ein wenig Übung im Wachleben und nach Ihren ersten Klarträumen kristallisieren sich ein Reality-Check oder vielleicht auch mehrere als zuverlässig und passend heraus.

Die Ausführung

Wann Sie einen Reality-Check ausführen sollten:

1. Wenn Sie zufällig daran denken

2. Wenn etwas Ungewöhnliches passiert

Zum Beispiel:

• Ein Déjà-vu (Sie glauben, ein Ereignis schon einmal erlebt zu haben)

• Wenn Sie Schwierigkeiten haben, einen Text zu lesen. Oft ändert sich der Sinn/Inhalt des Textes oder die Buchstaben spielen verrückt.

• Bei besonderen Zufällen

• Wenn Dinge wie Träume oder Klarträume zur Sprache kommen/in der Zeitung/im Fernsehen oder im Internet auftauchen.
Das, was Sie am Tag beschäftigt, geht in Ihre Träume über. Beschäftigen Sie sich viel mit einem Thema, so taucht dies oft in irgendeiner Form in Ihren Träumen auf.

Die »3 goldenen Reality-Check Regeln« verbessern Ihre Erfolgschancen auf einen Klartraum:

1. Keine Hektik
2. Bewusst und unvoreingenommen
3. Wiederholung und positives Ende

Betrachten wir uns jede Regel im Detail:

> 1. Lassen Sie sich beim Ausführen des Reality-Checks Zeit. Keine Eile! Wer den Reality-Check auf die Schnelle ausführt, läuft Gefahr, einen wundervollen Klartraum zu verpassen.
> Halten Sie kurz vor dem Reality-Check inne und beobachten Sie für einen Moment Ihre Umgebung: Fällt Ihnen etwas Ungewöhnliches auf? Wo waren Sie vor 15 Minuten oder vor 2 Stunden?
>
> 2. Richten Sie Ihren Geist vollkommen auf Ihr Vorhaben aus, unbewusst ausgeführt verliert der Reality-Check seine Wirkung. Machen Sie sich selbst klar, dass Sie jetzt die Realität hinterfragen. Vermeiden Sie es, sich vor dem RC bereits eine negative Meinung zu bilden. Man weiß nie, ob man nicht gerade träumt. Bleiben Sie unvoreingenommen. Fällt Ihnen dies nicht

leicht, erwarten Sie zumindest ein positives Ergebnis, sagen Sie sich »Das ist ein Traum!« Versetzen Sie sich in das Gefühl, wenn der Reality-Check Sie erkennen lässt, dass Sie träumen (falls Sie dies bereits erlebt haben). Freuen Sie sich auf den bevorstehenden Klartraum, lassen Sie diese Freude durch Ihr Innerstes strömen. Diese anfangs vielleicht gespielte Vorfreude wird schnell durch echte Glücksgefühle ersetzt. Denken Sie daran: Sie kontrollieren Ihre Emotionen!
Führen Sie dann den Reality-Check aus.

3. Fällt der Reality-Check negativ aus, wiederholen Sie ihn. Ist er immer noch negativ, seien Sie nicht enttäuscht: Ein negativer Reality-Check ist besser, als keinen ausgeführt zu haben. So haben Sie die Chance genutzt und diese nicht einfach verstreichen lassen.

Wichtig: Zuverlässigkeit

Nicht jeder RC wirkt bei jedem Träumer gleich. Haben Sie Ihren passenden Reality-Check gefunden, kann es dennoch vorkommen, dass auch dieser gelegentlich nicht einwandfrei klappt. Sehr selten ist man trotz erfolgreichem Reality-Check nicht zu 100% davon überzeugt, dass man gerade träumt.

Positiver oder negativer Reality-Check

Im Sprachgebrauch unter Klarträumern ist ein positiver RC ein Reality-Check, der aufzeigt, dass man gerade träumt.
Ein negativer RC zeigt auf, dass man sich gerade im Wachleben, in der Realität befindet.
Amüsanterweise bedeuten diese Aussagen aber genau das Gegenteil.
Ein positiver Reality-Check bedeutet: »Ja, das ist die Realität!«
Demnach wäre ein positiver Reality-Check genau das, was sich jeder Klarträumer nicht wünscht.

Positiver RC	Negativer RC
Realität? Ja, positiv!	Realität? Nein, negativ!
Kein Traum!	*Ja, ein Traum!*

Dennoch hat sich der Ausdruck »positiver Reality-Check« als Begriff für das erfolgreiche Erkennen des Traumzustandes eingebürgert.

Der Weg zum Klartraum

Die verschiedenen Stadien zwischen Trüb- und Klartraum können in willkürlicher Reihenfolge auftreten, vereinzelt oder komplett aus bleiben.

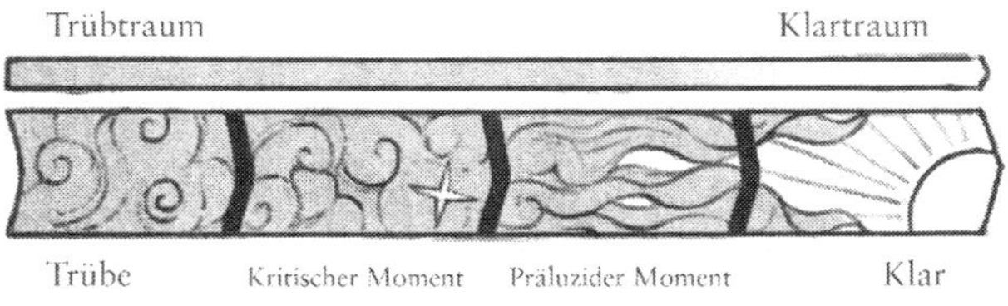

Präluzider Traum

Im präluziden Traum beginnt man, den aktuellen Zustand zu hinterfragen. »*Träume ich oder bin ich wach?*«

Auch hier springt unser Logikzentrum an und bleibt für einen unbestimmten Zeitraum aktiv. Erlangt man nun die Erkenntnis zu träumen, beginnt der Klartraum.

Ob kritischer Moment oder präluzider Traum, eindeutig definierte Grenzen lassen sich nur schwer ziehen. So neigt man in beiden Stadien dazu, sich unlogische Ereignisse logisch herzuleiten.

»*Warum ist mein Auto plözlich Rot? Achja, ich trage eine Brille mit roten Gläsern!*«

Erst wenn man erwacht und das Logikzentrum vollkommen aktiv ist, erkennt man, wie abstrus die eigene Erklärung doch ist.

Wie bei so vielen Erlebnissen, die mit Klar- und Trübträumen zusammenhängen, lassen sich diese kaum eindeutig kategorisieren.

Kritischer Moment

In einem kritischen Moment wird der Träumer durch ein Ereignis stutzig. Er ist verwundert, beginnt sich aber in der

Regel noch nicht zu fragen, ob er gerade träumt.

Das Logikzentrum springt hier für einen kurzen Augenblick an. Bleibt es aktiv, kann es zu einem präluziden Traum oder direkt zu einem Klartraum führen.

Der geträumte Klartraum

In einem geträumten Klartraum führt man meist unlogische Handlungen aus beziehungsweise unterwirft sich den Gesetzen der Traumsituation. Dies erkennt man leider erst nachdem man erwacht ist.

Der geträumte Klartraum lässt sich oft nur schwer von einem richtigen Klartraum unterscheiden.

Die Erinnerung kann mit der eines Klartraumes identisch detailreich sein.
Hier ein Beispiel für einen geträumten Klartraum aus meinen Traumaufzeichnungen:

> *Ich bin in einem asiatischen Restaurant, welches aber aussieht wie eine Bar, und ich trinke einen Cocktail. Aus irgendeinem Grund mache ich einen Nasen-RC. Ein Mann neben mir zieht einen Revolver. Der Reality-Check klappt nicht, ich kann nur durch ein Nasenloch atmen. Ich werde nicht klar. (Als ich nach dem Klartraum erwache, merke ich, dass eben dieses Nasenloch auch im Wachleben verstopft ist) Ich wiederhole den Reality-Check und*

werde klar. (Glaube ich zumindest) Plötzlich fallen Schüsse und ich will aus der Bar flüchten. Ich erwache während des Fluchtversuches.

In diesem Traumbeispiel wurde ich vermeintlich klar, habe mich dann aber irrational verhalten. Im Traum brauche ich keine Angst vor einem Kugelhagel oder den Angreifern haben, ich kann nicht verletzt werden, Schmerzen spüren oder gar sterben.

Zwischen trüb und klar sind die Grenzen oft fließend.

Falsches Erwachen

Der Träumer glaubt, aus einem Traum erwacht zu sein. In Wirklichkeit ist dieser aber nicht wirklich erwacht und er befindet sich immer noch im Traum. Das vermeintliche Erwachen ist ein Trugbild.

Klarträumer erleben dieses Phänomen sehr oft. Man erwacht traurig aus einem Klartraum oder mit Freuden aus einem Albtraum. Aber auch normale Träume können ein falsches Erwachen beinhalten.

Oft geht der Träumer danach seinen alltäglichen Aufgaben wie Zähneputzen oder Duschen nach, nur um später wirklich aufzuwachen.

Tipp: Falsches Erwachen ausnutzen

Gewöhnen Sie sich an, nach jedem Erwachen einen Reality-Check auszuführen.
So entgehen Sie der Gefahr, falsch zu erwachen.

Erwachen Sie aus einem Klartraum falsch, kann es passieren, dass Sie komplett an Klarheit verlieren. Man unterwirft sich unbewusst sich den Gesetzen des aktuellen Traumes, es folgt ein Trübtraum.

Hier ein Klartraum-Beispiel aus meinem Traumtagebuch, in welchem mir eben dies widerfahren ist:

> *Ich fliege durch eine Stadt auf eine Häuserfront zu. Ich erwache nun falsch und verliere komplett an Klarheit. An der Umgebung ändert sich nichts, nur statt zu fliegen liege ich nun in meinem Bett, welches aber mitten auf der Straße steht. Dies kommt mir in keinster Weise merkwürdig vor, ich glaube, ganz normal erwacht zu sein.*

4.4 Die Klartraum FAQ

Diese FAQ gibt Antworten auf oft gestellte Fragen rund um das Klarträumen:

Wie schnell kann man Klarträumen erlernen?
Jeder Mensch braucht unterschiedlich lange, es kann nach einem Tag klappen oder erst nach Monaten. Mit ein paar Wochen sollte man rechnen.

Kann jeder Mensch Klarträumen erlernen?
Ja, jeder Mensch ist dazu in der Lage. Wichtig sind genug Schlaf, eine gute Traumerinnerung und die für den angehenden Klarträumer passende Technik.

Was ist die beste/schnellste Technik?
Die eine »Universaltechnik« gibt es nicht! Je nach Typ spricht man unterschiedlich auf die einzelnen Techniken an. Probieren Sie alle Techniken aus und wählen Sie die Technik, die Ihnen am ehesten zusagt.

Wichtig: Nehmen Sie sich Zeit!

Beschäftigen Sie sich mit jeder Technik intensiv – je nach Technik mindestens zwei Wochen (Schätzwert).
Eine Technik nach zwei Tagen mit den Worten »die klappt nicht« abzutun, könnte Ihnen die Chance auf Ihren ersten Klartraum nehmen...

Wie real sind Klarträume?
Die Wahrnehmung ist der des Wachlebens gleich. Wenn Sie

einen Klartraum erleben, lässt sich dieser (auf den ersten und zweiten Blick) meist nicht vom Wachleben unterscheiden.

Mehr Informationen finden Sie in Kapitel 4.5 Unterpunkt *»Ist ein Klartraum realistisch?«*.

Was ist im Klartraum alles möglich?
Es gibt fast keine Grenzen. Essen Sie nach Herzenslust, fliegen Sie über weite Landschaften, vergnügen Sie sich mit Ihrem Traumpartner oder spielen Sie mit den Gesetzen der Physik. Erforschen Sie Ihre Ängste und Wünsche und wachsen Sie daran.
Sie kontrollieren das Geschehen, die Umgebung, die Personen – alles hört auf Ihr Kommando! Natürlich nur, wenn Sie dies wünschen, Sie können dem Traumgeschehen auch seinen freien Lauf lassen und beobachten, was passiert.

Wie lange dauert ein Klartraum?
Eine Durchschnittszeit gibt es nicht. Von einer Sekunde bis zu einer Stunde ist alles möglich. In der REM-Phase treten am häufigsten Klarträume auf. Diese kann gegen Ende der Nacht ca. bis zu 60 Minuten andauern. Dennoch kann Ihnen ein Klartraum gefühlt länger vorkommen.

Mehr Informationen finden Sie in Kapitel 4.5 Unterpunkt *»Zeit im Klartraum und externe Reize«*.

Kann man die Zeit im Klartraum verlangsamen?
Man kann die wahrgenommene Zeit im Klartraum verlangsamen, dies bedeutet aber nicht, dass man dadurch mehr Zeit im Klartraum verbringt.

Mein Vorhaben im Klartraum klappt nicht, was soll ich tun?
Oft gelingen Vorhaben wie fliegen oder durch Wände gehen nicht beim ersten Versuch. Der Klartraum fühlt sich so real an, dass man unterbewusst noch an den Regeln des Wachlebens festhält (»Menschen können nicht fliegen« oder »Die Wand ist fest, ich kann nicht hindurchgehen«).
Machen Sie sich klar, dass Sie die Kontrolle haben – dies ist Ihre Welt. Es gibt keine Grenzen. Sie können alles schaffen. Durch Übung werden Sie besser – geben Sie also nicht auf!

Ist Klarträumen gefährlich?
Meiner persönlichen Erfahrung nach ist Klarträumen nicht gefährlich. Ich habe bisher von keinem Träumer erfahren, der durch Klarträume in irgendeiner Weise Schaden genommen hat.
Dennoch kann dies natürlich von Person zu Person unterschiedlich sein. Wer Klarträume als eine Zuflucht ansieht und sich dadurch von seinem realen Leben distanzieren will, für den stellt Klarträumen vermutlich eine Gefahr dar.
Eine allgemeine Aussage kann hier schwer getroffen werden, da jeder Mensch anders ist. Für mich sind Klarträume völlig gefahrlos zu genießen.
Klarträume können auch in der Therapie als Heilmittel ge-

nutzt werden. Es sollte aber zuvor abgeklärt werden, ob sich dieses Vorhaben mit den Therapiezielen kreuzt.

Kann Klarträumen süchtig machen?
Nein, es kann nach meinem Wissen keine körperliche oder geistige Abhängigkeit entstehen.

Fehlt mir nicht der Anteil des Schlafes, den ich mit Klarträumen verbringe?
Nein, der Körper regeneriert sich genauso, als würden Sie normal schlafen. Das Gehirn wäre so oder so mit Ihren Träumen beschäftigt. Nach einer Nacht voller Klarträume erwachen Sie genauso erholt wie nach einer normalen Nacht, wenn nicht gar noch erholter und glücklicher: Adrenalin und Endorphine durchströmen Ihren Körper, Sie freuen sich über das eben erlebte Abenteuer und können den nächsten Klartraum kaum erwarten.

Besteht die Gefahr, dass ich nur noch klar träume?
Nein. Je nach angewendeter Technik und deren Wirkung auf den Träumer treten Klarträume unterschiedlich oft auf. Ohne ein wenig Arbeit, Ihren Willen und Ihr Zutun werden Sie sehr wenige, bis gar keine Klarträume erleben.

Sollten Sie sich dennoch ungewollt in einem Klartraum wiederfinden, lassen Sie einfach Ihre Aufmerksamkeit schweifen, um diesen zu beenden. Schnell wird aus dem Klartraum ein normaler Trübtraum, wie Sie viele davon jede Nacht erleben und oft am Morgen wieder vergessen haben.

Wache ich aus einem Klartraum auf, wenn ich etwas zu lange anstarre? (Blickfixation)?
Nein, Blickfixation lässt einen nicht aus dem Klartraum erwachen. Dies ist eine Theorie verschiedener Klarträumer und Klartraum-Autoren, welche sich aber in der Praxis als falsch herausgestellt hat.

Es wurde vermutet, dass durch das Stillstehen der Augen dem Körper signalisiert wird, die REM-Phase sei nun zu Ende. Man glaubte, dies würde zum Aufwachen führen.

Zum einen ist nun bekannt, dass die Augenbewegungen im Traum zu einem Großteil, aber nicht zu 100% mit den Augenbewegungen des schlafenden Körpers übereinstimmen, zum Anderen haben viele Klarträumer erfolgreich die Augenbewegungen unterbunden und wurden keineswegs aus dem Klartraum wach. Dies kann ich auch aus eigener Erfahrung bestätigen.

Diese Theorie hält sich leider sehr hartnäckig, da sie immer noch in veralteter Fachliteratur zum Thema Klarträumen zu finden ist.
Im Klartraum lässt Sie Blickfixation nicht zwangsläufig erwachen.

Kann ich Schmerzen im Klartraum spüren?
Nur, wenn Sie diese auch spüren wollen. Ungewollt empfin-

det man im Klartraum keine Schmerzen – und selbst gewollt sind diese stark gedämpft.

Was passiert, wenn man im Klartraum stirbt?
Der Tod hat im Klartraum keine negativen Auswirkungen. Was genau passiert, erlebt jeder Klarträumer für sich individuell. Sie könnten einfach erwachen oder aber Sie erleben Ihre persönliche Vorstellung des Jenseits/Himmels/Lebens nach dem Tod.
Negative Erfahrungen jeglicher Art sind in Klarträumen sehr selten.

Gibt es im Klartraum Ebenen wie im Film »Inception«?
Der Film »Inception« basiert zwar auf der Thematik des Klarträumens und einige Elemente des Films sind davon inspiriert – eins zu eins kann man diese aber nicht auf das Klarträumen übertragen.
Ebenen, die, wie fallende Dominosteine, nacheinander abgearbeitet werden, gibt es nicht.

Ich schreibe Traumtagebuch, erinnere mich aber trotzdem manchmal nicht an meine Träume …
Das ist völlig normal. Ein Traumtagebuch verbessert zwar die Traumerinnerung (die Anzahl der Träume und die Fülle der Details) dennoch kann es aber passieren, dass an manchen Tagen die Traumerinnerung ausbleibt.

Kann ich in einem Klartraum gefangen sein?
Nein, im Klartraum kann man nicht gefangen sein.
Leider lässt die Angst davor und eine veränderte Wahrnehmung der Zeit im Klartraum viele Klarträumer eben dies glauben.
Träume erfüllen unterbewusst Erwartungen, ob positiv oder negativ. Die Angst alleine führt dazu, dass man sich eine solche Gefangenschaft selbst vorgaukelt. Zusätzlich kann einem die wahrgenommene Zeit länger vorkommen, als die Zeit die tatsächlich verstrichen ist. Ein Teufelskreis, dem es ein Ende zu setzen gilt!

Mehr Informationen dazu finden Sie im Kapitel 7.10 »*Unerwartetes*« Unterpunkt »*Gefangen im Klartraum?*«.

4.5 Wahrnehmung im Klartraum

In der Wahrnehmung besteht zwischen Klartraum und Wachleben fast kein Unterschied. Ein Spaziergang am örtlichen See fühlt sich im Klartraum genauso an wie im Wachleben. Sie spüren die warme Sonne auf Ihrer Haut, es weht vielleicht ein leichter Wind und das Wasser hat genau die richtige Badetemperatur. Dies sind alles Reize, welche im Klartraum absolut identisch imitiert werden.

Ein Merkmal des Klarträumens ist, dass Ihre Wahrnehmung nicht den Grenzen des Wachlebens unterworfen ist. Veränderungen ganz nach Ihren Wünschen stellen kein Problem da. Doch wie werden diese Veränderungen wahrgenommen? Wie sieht es aus, wenn man die Umgebung verändert?

Veränderung der Umgebung

Veränderungen der Umgebung, von Personen oder Objekten finden meist auf zwei Arten statt:

- Fließend – die Veränderung ist klar sichtbar
- Plötzlich – scheinbar unbemerkt beziehungsweise außerhalb des Sichtfeldes

Fließende Übergänge sind im Klartraum eindeutig erkennbar.

Die Umgebung verändert sich, Personen nehmen eine andere Gestalt an, Objekte verformen sich oder werden ausgetauscht.

Plötzliche Veränderungen treten im Klartraum aber nicht weniger häufig auf. Meist unbemerkt vom Klarträumer, außerhalb des Blickfeldes, finden diese Veränderungen statt.

Kehrt man einem Teil der Umgebung den Rücken zu oder wechselt den Raum, kann es passieren, dass unbemerkt vom Klarträumer Veränderungen stattfinden.

Tipp: Veränderung der Umgebung nutzen

Nutzen Sie diese Eigenheit, um gewollt Veränderungen in der Traumumgebung hervorzurufen.

Kehren Sie dem Ort oder Objekt den Rücken zu und wünschen Sie sich einfach die entsprechenden Veränderungen.

So gibt ein Detail oft eine Richtung vor, in die sich der Traum und die Umgebung entwickeln. Ein Gedanke, Objekt oder eine bestimmte Traumfigur kann so die Traumumgebung passend zum Selbigen verändern.

So klein das Detail auch scheinen mag, die Auswirkungen können immens sein..

Unterschiede der Wahrnehmung von Klar- und Trübtraum

Im Trübtraum scheinen die Übergänge plötzlicher stattzufinden, als im Klartraum. Durch die fehlende Klarheit und dem inaktiven Logikzentrum ist es schwierig, die Veränderung im Trübtraum bewusst wahrzunehmen.

Ist ein Klartraum realistisch?

Der Klarträumer kopiert unterbewusst die Wahrnehmung und das gewohnte Verhalten der Umgebung aus dem Wachleben. In der Regel verhalten sich Dinge und die Umgebung so, wie Sie es aus dem Wachleben kennen.

Die Wahrnehmung findet im Wachleben vereinfacht wie folgt statt:

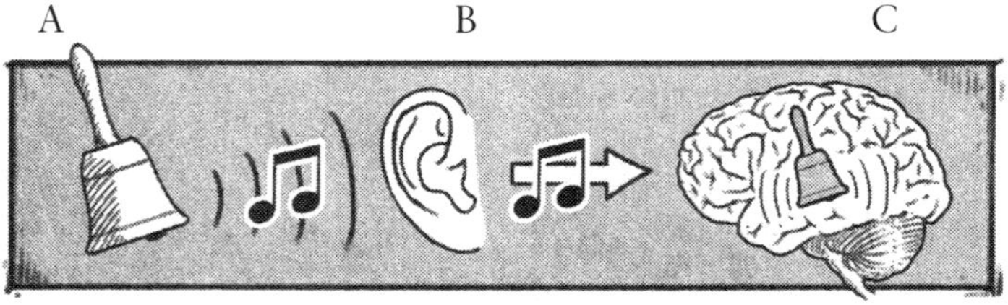

Ein Reiz entsteht (A, zum Beispiel ein Geräusch) und wird über das Ohr (B) aufgenommen. Im Gehirn (C) angekommen, wird dieser Reiz für uns wahrnehmbar gemacht.

Wahrnehmung im Klartraum:

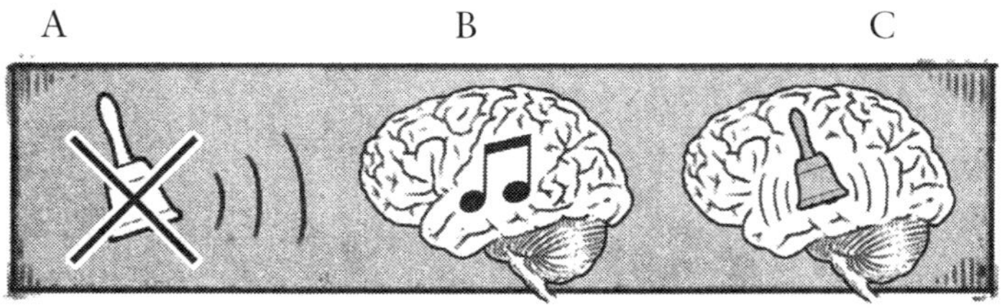

Im Klartraum ist der Vorgang derselbe, nur die Quelle ist eine Andere. Es fehlen die Reize von außen (A), deshalb wird der Reiz aus der Erinnerung (B) generiert.

Die Umgebung, Gegenstände, wie sich zum Beispiel Wasser anfühlt und verhält, unser Körpergefühl, kurz gesagt: Alles wird aus der eigenen Erinnerung erschaffen und auf demselben Weg wie im Wachleben für uns wahrnehmbar gemacht (C).

Die Quelle ist eine andere, aber das Ergebnis bleibt dasselbe.

Keine exakte Kopie des Wachlebens

Auch wenn der Klartraum als absolut realitätsgetreu wahrgenommen wird, ist er keine exakte Kopie/Simulation des Wachlebens.
Dies ist aber kein negativer Punkt – im Gegenteil. Manche Dinge nimmt man im Klartraum genauer wahr, als im Wachleben möglich wäre. Sinne verbinden sich, arbeiten zusammen und schaffen neue Wege der Wahrnehmung, die nur im Klartraum möglich sind.

Im Klartraum finden ständig Veränderungen statt; alles ist fließend. Jederzeit können in der Traumwelt Veränderungen auftreten, ohne dass dies der Klarträumer bewusst fordert. In der Regel ändern sich nur Details, dennoch sollte diese Eigenheit nicht verschwiegen werden.

Es besteht aber keine Grund zur Furcht: Sie kontrollieren Ihre Träume! Eine Veränderung sagt Ihnen nicht zu? Machen Sie diese innerhalb von Sekundenbruchteilen rückgängig und gestalten Sie Ihren Traum nach Ihrer Vorstellung.

Realer als real – Erweiterte Wahrnehmung im Klartraum

Nur im Klartraum ist Unmögliches möglich. Der Klarträumer ist in der Lage, seine Sinne zu kombinieren, zu verstärken und in Ihrer Art zu verändern.
Im Klartraum ist die Wahrnehmung stärker mit der Gefühlswelt, mit unserem Innenleben, verbunden.

Nehmen wir als Beispiel die Wahrnehmung von Farben. Diese werden klarer, satter und intensiver erlebt, als man es aus dem Wachleben gewöhnt ist. Eine Farbe scheint mehr als nur den Farbton selbst zu transportieren. Sie kann zum Beispiel mit Gefühlen verbunden sein und dadurch Stimmungsveränderungen auslösen.

Im Klartraum wirkt alles miteinander vernetzt - das einfachste Erlebnis kann überwältigend sein.

Zeit im Klartraum und externe Reize

Zeit im Klartraum ist schwer zu definieren. Der Klarträumer selbst kann die Zeit nur schätzen, was je nach Person natürlich unterschiedliche Ergebnisse liefert.
Die ausgeführte Aktivität selbst verändert zusätzlich, wie der Klarträumer die Dauer der verstrichenen Zeit einschätzt.

Genau wie im Wachleben wird die Zeit bei aufregenden, spannenden Aktivitäten kürzer geschätzt als bei langweiligeren Aktivitäten.
Ein Klartraum kann in der Regel nicht länger dauern als die REM-Phase selbst. Es sind zwar auch in den NREM-Phasen Klarträume möglich, diese sind aber unkontrollierter und verschwommener.

Es gibt Berichte, laut denen Personen Wochen, Monate oder gar Jahre im Klartraum verbracht haben sollen. Dies zweifle ich persönlich aber stark an.
Im Klartraum tritt ein Phänomen auf, welches es analog in Film und Fernsehen gibt:

Hat der Hauptcharakter im Film ein hartes und beschwerliches Training vor sich, wird dieses für die Zuschauer uninteressante Training nicht in seiner vollen Länge gezeigt. Oft erfolgt nur die Einblendung »XY Monate später«.

Dies verdeutlicht dem Zuschauer, dass eine gewisse Zeitspanne verstrichen ist.

Ein solch gefühltes Wissen über die verstrichene Zeit tritt auch im Klartraum auf. Der Klarträumer hat das Gefühl, vielleicht Stunden oder Tage im Klartraum verbracht zu haben. Die wirklich im Klartraum verbrachte Zeit ist aber bei Weitem nicht so lang.

Hält man sich nun aber die erlebten Aktivitäten vor Augen, sieht man sofort, dass die Anzahl und Dauer nicht mit der gefühlten Zeit übereinstimmen können.

Zur Einschätzung der Zeit und zu externen Reizen im Trübtraum, führten William Dement und Edward Wolpert von der Universität in Chicago ein Experiment durch:

Sie tröpfelten einer schlafenden Versuchsperson Wasser auf den Rücken, ein Reiz, der so gering war, dass dieser bei der Versuchsperson nicht zum Aufwachen führte. Exakt 30 Sekunden nach dem Reiz wurde die Versuchsperson geweckt.

Der Proband berichtete von seinem Traum, in welchem der empfangene Reiz des Wassers im Traumgeschehen auftauchte. Die Zeit zwischen dem Aufwachen und dem Auftreten des Wassers im Traum schätzten die Probanden meist korrekt auf 30 Sekunden.

Generell werden externe Reize oft in die Trübträume einge-

baut. Geräusche aus dem Wachleben formen teilweise das Geschehen oder die Umgebung des Traumes.
Das Experiment von Dement und Wolpert zeigt auf, dass dies fast ohne Verzögerung geschieht.

Anleitung zum ersten Klartraum

Am Anfang der Reise zum Oneironauten (frei übersetzt: Traumseefahrer, Oneiroi = griech. f. ‚Träume'; nautes = Seefahrer) steht man meist vor einer Vielzahl unbekannter Techniken, Abkürzungen und Begrifflichkeiten. Hier ist es schwierig den Überblick zu behalten und den für sich richtigen Weg zu finden.
Diese Anfänger-Anleitung kombiniert kritisches Bewusstsein, Reality-Checks und Autosuggestion und schafft so einen, gerade für Anfänger, einfachen Weg zum ersten Klartraum.

Als neue Technik lässt sich dieser Weg sicher nicht bezeichnen, diese Variante stellt aber einen guten Mittelweg zwischen dem aufzubringenden Aufwand und dem zu erreichenden Ergebnis dar.

5.1 Grundvoraussetzung Traumerinnerung

Die Grundvoraussetzung für jeden angehenden Oneironauten ist eine gute Traumerinnerung. Ausführliche Tipps zu Verbesserung Ihrer Traumerinnerung finden Sie im Kapitel 5.2 »*Traumerinnerung verbessern*«.

Ohne eine gute Traumerinnerung führen viele Techniken zu keinem Ergebnis. Erfolge bleiben aus. Dies kann den Klarträumer schnell frustrieren und ihn glauben lassen, die Technik funktioniere nicht oder wäre nichts für ihn.

Genauso gut kann es passieren, dass Sie zwar einen Klartraum erleben, sich aber einfach nicht daran erinnern können.

Wer glaubt, nicht zu träumen, irrt sich. Jeder Mensch träumt jede Nacht, nur nicht jeder erinnert sich an seine Träume. Am Morgen werden traum-löschende Mechanismen in Gang gesetzt: Träume und Details verblassen oder die Erinnerung fehlt komplett.

Deshalb gilt:

Zuerst die Traumerinnerung, dann der Klartraum.

Richtig Traumtagebuch führen

Die Traumerinnerung lässt sich durch einfaches Aufschreiben all Ihrer Träume verbessern. Wer über einen längeren Zeitraum seine Träume notiert, also Traumtagebuch führt, verbessert zwangsläufig die Anzahl der erinnerten Träume und deren Detailgrad.

Mit welchen Hilfsmitteln und wie Sie Traumtagebuch führen, ist Ihnen überlassen. Gerade Anfänger sollten ihre Träume aber schriftlich festhalten.

Ob nun in ein richtiges Tagebuch oder auf einem Blatt Papier – das spielt bis zu einem gewissen Punkt keine Rolle. Wichtig ist, dass Sie Ihren Träumen einen hohen Stellenwert geben. Dies sollte sich auch darin widerspiegeln, wie sorgsam und worin Sie Ihre Träume festhalten.

Dem Einen reicht das Blatt Papier. Der Andere trägt seine Träume sorgsam in ein gebundenes Buch ein. Vielleicht noch mit einem besonderen Stift, den er nur zum Notieren der Träume benutzt.

Geben Sie sich beim Schreiben Ihres Traumtagebuches Mühe und investieren Sie Zeit, so wirkt sich dies positiv auf Ihre Traumerinnerung aus.

Machen Sie sich klar, dass Ihre Träume nicht nur zufällige Bilder und Gedankenmüll sind. Ihre Träume spiegeln Ihr Innenleben wider, sie helfen Ihnen bei Fragen zu aktuellen Problemen und können ein schier unendlicher Brunnen an kreativer Inspiration sein.

Die Benutzung eines Diktiergerätes ist ein sehr effizientes Hilfsmittel um Ihre Träume festzuhalten.

Werden Sie in der Nacht wach, können Sie ohne viel Aufwand zum Diktiergerät greifen und direkt den Traum festhalten. Es muss, anders als beim Traumtagebuch schreiben, kein Licht eingeschaltet werden. Licht setzt oft die traum-löschenden Mechanismen in Gang. Auch bringt das Aussprechen des Traumes oft noch weitere Details, Traumfragmente oder ganze Träume wieder zum Vorschein.

Träume sind so in der Nacht schnell notiert und man kann sich wieder dem geschätzten Schlaf und seinen Abenteuern zuwenden. Zu Anfang kann es Ihnen bei der Diktiergerät-Methode passieren, dass Sie noch nicht wach genug sind. Dies resultiert in unverständlichem Gemurmel oder abrupt endenden Sätzen. Ist man noch zu müde, kann es während des Sprechens passieren, dass man einfach wieder einschläft. Ein Diktiergerät zur Traumaufzeichnung hat also Vor – und Nachteile. Wägen Sie selbst ab, ob es eine Hilfe bei Ihrer Traumarbeit darstellt.

Trotz Diktiergerät sollten Sie Ihre Träume aber zeitnah (am nächsten Tag) schriftlich festhalten. Ob von Hand oder am Computer, spielt keine Rolle.

Notiert man seine Träume nachts ohne Diktiergerät schriftlich, sollte man sicherstellen, dass alle Utensilien ohne großen Aufwand erreichbar sind. Wer erst aufstehen muss, um sein Traumtagebuch zu holen, wird versucht sein, sich stattdessen im Bett einfach umzudrehen und weiter zu schlafen. Durch übermäßige Bewegungen und grelles Licht können wichtige Details oder ganze Träume aus Ihrer Erinnerung verblassen.

Wichtig: Zensieren Sie nicht!

Schreiben Sie Ihre Träume nur für sich selbst auf und lassen Sie möglichst niemand anderen Ihre Träume lesen.
So haben Sie auch unterbewusst nicht die Furcht, dass jemand sich anhand Ihrer Träume ein Urteil bildet. Der Mensch ist ein Rudeltier und will von eben diesem akzeptiert werden.

Gewalt, sexuelle Vorlieben, Eigenheiten – eben all die Dinge über welche man nicht offen spricht – haben im Traum oft eine völlig andere oder auch gar keine Bedeutung.

Zwischen dem, was im Traum geschieht und dem, was dieser bedeutet, liegen oft Welten. Scheinbar Offensichtliches kann eine völlig andere Bedeutung haben.

Zensieren Sie Ihre Träume nicht, halten Sie jedes Detail fest!

Wie teilt man Träume auf?

Wo endet ein Traum und wo beginnt der Nächste? Oft ist es nicht leicht, das erinnerte Geschehen in einzelne Träume aufzuteilen.

Hier gibt es keine feste Regel oder Gesetzmäßigkeit, es zählt hier nur Ihr Bauchgefühl. Was hat sich wie ein einzelner Traum angefühlt? Wo erkennen Sie, wenn auch nur grob, eine zusammenhängende Handlung?

Sobald Sie Ihre ersten Träume notieren, werden Sie schnell einschätzen können, wo für Sie ein Traum beginnt und endet.

Ein Richtig oder Falsch liegt immer im Ermessen des Träumers. Dennoch sollte man sich nicht selbst betrügen. Teilen Sie einen gefühlt zusammenhängenden Traum nicht in mehrere Träume auf, nur um Ihre Traumstatistik aufzupolieren. Betrügt man sich einmal selbst, sinkt die Motivation schnell in den Keller, denn warum sollte man gewissenhaft seine Träume notieren, wenn die Anzahl sowieso nicht stimmt ...

Die Anzahl der Träume ist für Ihre Traumstatistik wichtig, welche im nächsten Punkt genauer behandelt wird. Eine Statistik über Ihre Träume kann sehr motivierend sein. Sie bringt fest messbare Zahlen, anhand derer Verbesserungen sofort erkennbar sind: Eine regelmäßig und sorgsam geführte Traumstatistik wirkt sich ungemein unterstützend auf Ihre Traumerinnerung aus.

Traumstatistik führen

Notieren Sie die Anzahl Ihrer Klar – und Trübträume in einer Statistik. Setzen Sie sich eine bestimmte Anzahl an Klarträumen/Trübträumen pro Woche/Monat als Ziel.

Durch die Statistik sind Erfolge sofort sichtbar. Gerade für Anfänger ist es anfangs sehr wichtig, jeden Fortschritt direkt zu erkennen.
Folgende Punkte kann man in seine Traumstatistik aufnehmen:

- Anzahl der Klar – und Trübträume
- Albträume
- Präluzide Träume
- Wodurch wurden Sie präluzide?
- Dreamsigns (Traumzeichen)
Welches Traumzeichen tritt am häufigsten auf
- Einflussfaktoren auf die Traumerinnerung
Alkohol, Stress – was wirkt sich besonders negativ/positiv auf die Traumerinnerung aus?
- Geschätzte Zeit verbracht im Klartraum
- Ziele (Klarträume pro Woche/Traumerinnerung/Ziele im Klartraum)
- Anzahl der angefertigten Zeichnungen für Ihre Träume

Mit den so gesammelten Daten lassen sich verschiedene Durchschnittswerte errechnen:

- Erinnerte Träume pro Nacht
- Traumzeichen pro Traum
- Zeit pro Klartraum
- Klarträume pro Woche
- Erreichte Ziele pro Monat

Diese Werte lassen sich schnell überprüfen: Verbesserungen sind sofort sichtbar und motivieren zusätzlich.

Zeichnungen

Fertigen Sie zu so vielen Träumen wie möglich Zeichnungen an. Ein Lageplan des Raumes oder der Traumumgebung ist eine wunderbare Gedächtnisstütze und zeigt, dass Sie Ihren Traum wertschätzen.
Kunstwerke werden nicht erwartet, denken Sie daran: Sie schreiben nur für sich selbst Traumtagebuch, für niemand anderen!
Des Öfteren erscheinen einem im Traum auch besondere Symbole, bei denen man gar nicht anders kann, als diese auf Papier zu bannen.
Der Traum ist das Tor zu Ihrer schier unerschöpflichen Quelle an Kreativität. Jeder Mensch besitzt diese Quelle in seinem Innersten.

Dreamsigns/Traumzeichen

Dreamsigns oder Traumzeichen sind Dinge, Orte, Begebenheiten oder Personen, welche in Ihren Träumen eine wiederkehrende Rolle spielen. Auf Dreamsigns brauchen Sie nicht speziell zu achten, diese werden Ihnen, nachdem Sie eine Zeit Traumtagebuch geführt haben, wie von selbst ins Auge stechen.
Ein Dreamsign kann ein bestimmter Ort aus der Kindheit, eine Person oder ein wiederkehrendes Motiv/Element sein.
Dreamsigns sind sehr hilfreich bei Ihrer Traumarbeit: Wovor

haben Sie Angst? Was ist Ihnen wichtig?

Denken Sie über Ihre Traumzeichen nach. Was könnten diese für Sie bedeuten?

Neben der Traumarbeit können Ihnen Dreamsigns helfen, den Traum als solchen zu erkennen und ihn in einen Klartraum zu verwandeln.
Träumen Sie zum Beispiel immer wieder von einem Tier/einem bestimmten Ort? Dann führen Sie im Wachleben einen Reality-Check aus, wenn Sie den Ort oder das Tier sehen. Wiederholen Sie diesen Vorgang oft genug, werden Sie den Reality-Check in absehbarer Zeit auch im Trübtraum ausführen. Der positive Reality-Check lässt Sie erkennen, dass Sie träumen, und macht aus dem Trübtraum einen Klartraum.

5.2 Traumerinnerung verbessern

Eine gute Traumerinnerung ist die Grundvoraussetzung für einen Klartraum. Nicht jedem fällt es leicht, sich an seine Träume zu erinnern. Wichtig ist, den Träumen einen hohen Stellenwert zu geben.

Hier finden Sie praktische Tipps, wie Sie Ihre Traumerinnerung verbessern können.

Allgemein

- Legen Sie Ihr Traumtagebuch gut sichtbar und schnell greifbar neben Ihr Bett. Sehen Sie sich Ihr Traumtagebuch beim Einschlafen an und freuen Sie sich auf Ihre Träume.

- Lassen Sie sich sanft wecken! Keine lauten Wecktöne – stellen Sie den Wecker so ein, dass die Lautstärke langsam ansteigt.

- Viel Schlaf erhöht die Traumerinnerung. Wer mehr schläft, hat einen größeren Anteil an REM-Phasen, welche die Haupttraumphasen sind. Auch erinnert man sich an Träume aus der REM-Phase detailreicher.

- Setzen Sie sich Ziele! Legen Sie eine bestimmte Anzahl an Träumen fest, an welche Sie sich pro Nacht/Woche/Monat erinnern wollen. Überprüfen Sie regelmäßig Ihre Ziele und passen Sie diese gegebenenfalls an.
  (Zwar sind auch die Details Ihrer Träume wichtig, diese lassen sich aber nicht in einen mess– und überprüfbaren Wert umwandeln.)

- Tauschen Sie sich über Ihre Träume mit anderen Menschen aus. Sie entscheiden, wie viel Sie von Ihren Träumen preisgeben wollen.
  So gewinnen Sie neue Einsichten über Ihre Träume, Fragen werden aufgeworfen oder beantwortet, das Thema ist präsenter, da Sie

sich am Tag damit intensiver beschäftigt haben. Dies erhöht den Stellenwert, den Sie Ihren Träumen geben.

Die Dinge, die Sie im Alltag erleben, tauchen zu einem Großteil in Ihren Träumen auf. Nutzen Sie dies aus!

Wacht man am Ende oder nach einer REM-Phase auf, ist die Traumerinnerung am besten. Die REM-Phase findet in der Regel immer gegen Ende des 90-Minuten-Zyklus der Schlafphasen statt.
Stellen Sie Ihren Wecker wie folgt, um ca. nach oder am Ende einer REM-Phase aufzuwachen:

Weckzeit =
Aktuelle Uhrzeit + Geschätzte Einschlafdauer
+ (4 x 90 Minuten)

Positive Erlebnisse zu Beginn Ihrer Reise zum Oneironauten wirken sich auch langfristig positiv auf Ihre Traumerinnerung aus.

Erfinden Sie Ihre eigene Technik!

Führen Sie ein wiederkehrendes Ritual ein oder machen Sie einen Gegenstand, der Ihnen viel bedeutet, zu einem

»Traum-erinnerungs-verbessernden Gegenstand.«

Sie beschäftigen sich dadurch mit dem Thema und es ist im Schlaf präsenter.
Zweifel am Erfolg dieser Methode treten nicht auf, denn Sie haben die Methode entsprechend Ihren Vorlieben und Ihrem Bauchgefühl entwickelt.
Die Technik ist perfekt auf Sie abgestimmt.

Die Absicht allein, sich an seine Träume zu erinnern, bewirkt oft Wunder!

Wichtig: Träume sofort notieren!

Werden Sie nachts wach und erinnern sich an einen Traum, notieren Sie diesen sofort!
Gerne denkt man sich »An diesen Traum erinnere ich mich morgen auch noch, das notiere ich beim Aufwachen...«

Leider werden Sie sich mit Sicherheit am Morgen kaum oder wahrscheinlicher gar nicht an Ihren Traum erinnern!

Auch wenn es Überwindung kostet: Notieren Sie Ihre Träume immer sofort.

Vor dem Schlafen

- Lesen Sie in Ihrem Traumtagebuch oder in einem Buch über Träume/Klarträume. So nehmen Sie das Thema mit in Ihren Schlaf, was zu einem Klartraum führen kann und sich positiv auf Ihre Traumerinnerung auswirkt.

• Vermeiden Sie Koffein! Wenig Schlaf führt zu weniger oder keinen REM-Phasen.

• Vermeiden Sie Alkohol! Dieser unterdrückt die REM-Phasen. Wer stark alkoholisiert schlafen geht, erinnert sich am nächsten Morgen kaum bis gar nicht an seine Träume. Zusätzlich wacht man unter Alkohol nachts leichter auf. *Don't drink and dream!*

• Vermeiden Sie Fernsehen, Internet und Videospiele ca. eine Stunde vor dem Schlafen. Licht, die Interaktion über das Internet und Videospiele signalisieren dem Körper, dass eine Wachphase ansteht, und halten Sie so vom Einschlafen ab.

• Dunkeln Sie Ihr Zimmer gut ab oder tragen Sie eine Schlafmaske.
Trifft Licht während des Schlafes auf Ihre Netzhaut, wird die Melatoninproduktion heruntergefahren. Melatonin ist für guten Schlaf wichtig! Es wird nur in der Nacht produziert.

• Nutzen Sie die Technik der Autosuggestion (siehe Kapitel 6.3 »*Autosuggestion*«) vor/während des Einschlafens. Wiederholen Sie in Gedanken ein Mantra wie zum Beispiel: »Heute Nacht erinnere ich mich an meine Träume!«

• Notieren Sie die Suggestion/Ihr Mantra mit einem dicken Filzstift mehrmals auf einem

Blatt Papier. Lassen Sie sich dabei Zeit und geben Sie sich bei jedem Wort Mühe. Lesen Sie sich jeden Satz mit Bedacht durch.
Befestigen Sie den Zettel so, dass dieser von Ihrem Bett aus gut sichtbar ist.
Legen Sie sich danach umgehend schlafen.

• Suggerieren Sie sich, nach einer REM-Phase aufzuwachen. So wie Sie Ihre innere Uhr oft eine Minute vor dem Wecker aufwachen lässt, kann sie dies auch nach einer REM-Phase tun.

• Führen Sie vor dem Schlafen Entspannungsübungen durch und meditieren Sie.
Sie schlafen schneller ein, Ihr Schlaf ist erholsamer und zusätzlich fördert Meditation Ihre Klartraum-Rate.

Nach dem Aufwachen/während des Erinnerns

• Halten Sie Ihre Augen geschlossen, bleiben Sie aber wach genug, um nicht einzuschlafen!

• Vermeiden Sie jegliche Bewegung und (helles) Licht. Dies löst traum-löschende Mechanismen aus.

• Nehmen Sie sich (gerade am Anfang) Zeit für Ihre Traumerinnerung. Mindestens fünf Minuten!
Diesen Aufwand müssen Sie nur zu Beginn aufbringen. Nachdem sich eine solide Traumerin-

nerung eingestellt hat, fallen Ihnen die Träume fast wie von selbst ein.

• Durch das Ändern der Schlafposition fallen einem oft ganze Träume ein. Wie genau die Schlafposition und die Traumerinnerung zusammenhängen, ist leider noch unbekannt.

• Erinnern Sie sich nur an einen Traumfetzen oder an ein einzelnes Wort, stellen Sie sich folgenden Fragen:

Was assoziieren Sie damit?

Was fällt Ihnen spontan dazu ein?

An was erinnern Sie sich vor dem Traumfetzen/ Wort, was passierte danach?

• Fanden in den letzten Tagen wichtige oder besondere Ereignisse statt, die in Ihren Träumen auftauchen könnten?

• Gehen Sie in Gedanken oder laut ausgesprochen Ihre Träume ein oder zweimal durch, bevor Sie Ihre Augen öffnen und Ihre Träume notieren.

• Notieren Sie jedes noch so kleine Detail! Halten Sie auch jede Stimmung und jedes Gefühl fest.

• Achten Sie auf Ihre Gefühle beim Aufwachen: Waren Sie glücklich oder vielleicht ängstlich? Hatten Sie einen Albtraum? Was assoziieren Sie

mit diesen Gefühlen? Haben Sie diese Gefühle in den letzten Tagen erlebt?
Sie erinnern sich vielleicht über das Gefühl an ein Traumfragment.

• Erstellen Sie nach dem Erwachen spontan eine Liste mit Wörtern, die Ihnen gerade in den Sinn kommen. Führen Sie schon länger Traumtagebuch und haben bereits Dreamsigns in Ihren Träumen entdeckt, können Sie diese zusätzlich notieren.
Gehen Sie nun jedes Wort durch und denken Sie intensiv darüber nach. Kam der Ort/die Person/der Gegenstand in irgendeiner Form in Ihrem Traum vor?

• Lassen Sie Ihre Gedanken kreisen.
Fast automatisch tun wir dies bei alltäglichen Dingen wie dem Zähneputzen im Bad oder während wir uns am Morgen anziehen.
Oft erinnern wir uns währenddessen an Traumfragmente.

• Es sollte nicht zu viel Zeit zwischen dem Erinnern an den Traum und dem Aufschreiben verstreichen. Dadurch gehen Details oder gar ganze Träume verloren.

• Erinnern Sie sich an keinen Traum, lassen Sie die Seite in Ihrem Traumtagebuch nicht leer!

Notieren Sie Positives der Nacht und schließen Sie mit einer Suggestion Ihrer Wahl ab zum Beispiel:

»Keine Traumerinnerung, habe aber gut und lange geschlafen. Der Hund des Nachbarn war ruhig. Morgen erinnere ich mich an mindestens einen Traum!«

Klartraum-Erinnerung verbessern

Was nützt Ihnen der schönste und längste Klartraum, wenn die meisten Details nach dem Erwachen fehlen?

In der Regel ist die Erinnerung an einen soeben erlebten Klartraum gleich der Erinnerung an ein soeben erlebtes Ereignis im Wachleben.
Dennoch fehlen nach dem Erwachen gelegentlich Details, die eben im Klartraum noch so »klar« waren. Wird man nach dem Klartraum nicht sofort wach, sondern erlebt im Anschluss einen Trübtraum, kann hierdurch zusätzlich die Erinnerung schwinden.

Nehmen Sie sich deswegen in Ihrem Klartraum Zeit und gehen Sie das Erlebte erneut durch. Fassen Sie das, was Ihnen wichtig ist, kurz zusammen. Wiederholen Sie stichpunktartig alle Ereignisse oder lassen Sie alles im Klartraum erneut vor Ihren Augen ablaufen.

Diese Wiederholungen helfen Ihnen, sich detailreicher an Ihre Klarträume zu erinnern.

Traumerinnerungs-Killer

Folgende Dinge wirken sich negativ auf Ihre Traumerinnerung aus. Ein paar Punkte wurden bereits angesprochen, hier nochmal alle kurz zusammengefasst:

- Schnelles Aufwachen durch laute Geräusche.
- Grelles Licht.
- Zu wenig Schlaf.
- Zu viel Alkohol, dieser unterdrückt die REM-Phase und lässt Sie nachts leichter erwachen.
- Stress.
- Sich nach einem Traum nochmal umdrehen und ihn »später« aufschreiben – der Traum ist dann mit Sicherheit weg.
- Zeitlicher Abstand zwischen dem ersten Erinnern an den Traum und dem Notieren des Traumes – man vergisst ganze Träume/Details oder hat diese plötzlich anders in Erinnerung.

5.3 DILD-Klarträume durch kritisches Bewusstsein und Reality-Checks

DILD – Dream Induced Lucid Dream ist keine eigene Technik. Es bezeichnet nur die Art und Weise, wie der Klartraum entsteht. (Die Unterschiede von DILD und WILD finden Sie im Kapitel 6.1)

Erlangt man einen Klartraum durch DILD, bedeutet dies, dass man aus einem Trübtraum heraus klar wurde. Der Träumer hat also während des Träumens den Traumzustand erkannt. Er wurde sich darüber bewusst, dass er sich in einem Traum befindet. Diese Erkenntnis allein reicht oft aus, um einen Klartraum auszulösen.

Gewöhnt man sich an, täglich Reality-Checks auszuführen, steigert dies die Wahrscheinlichkeit auf einen DILD-Klartraum.
Eine Mindestanzahl an Reality-Checks pro Tag gibt es nicht. Zu Beginn sollten Sie aber vermehrt Reality-Checks ausführen, um dies zu einer Gewohnheit werden zu lassen und Ihre Absichten auf einen Klartraum zu festigen.

Wichtiger als die Anzahl der Reality-Checks ist die Ausführung selbst. Beachten Sie hier die 3 goldenen Regeln, welche bereits im Kapitel 4.3 »*Abkürzungen und Begriffe*« im Unterpunkt »*Die Ausführung*« genannt wurden.

Tipp: Erinnerung an den Reality-Check

Malen Sie sich ein Kreuz oder einen Punkt zwischen Zeigefinger und Daumen, oder an einer anderen Stelle auf Ihrem Handrücken, an welcher die Markierung gut sichtbar ist. Wählen Sie als Rechtshänder die rechte Hand und als Linkshänder die linke Hand.
Führen Sie immer dann einen Reality-Check aus, wenn Ihnen Ihre Markierung an der Hand auffällt.
Negativer Aspekt: Es kann passieren, dass Sie nur dann einen Reality-Check ausführen, wenn Sie durch die Markierung daran erinnert werden. Im Traum kann diese Markierung aber einfach fehlen. Verlassen Sie sich also nicht zu 100% auf diese Methode.

Tipp: Bauen Sie Reality-Checks in Ihren Alltag ein

Verbinden Sie häufig auftretende Situationen mit solchen Reality-Checks wie zum Beispiel nach dem Zähneputzen, im Bus oder Auto, beim Betreten Ihres Arbeitsplatzes oder in der Mittagspause. Sie können den Reality-Check auch beim Auftreten zufällig gewählter Objekte oder Ereignisse ausführen, wie zum Beispiel bei einem roten Auto oder wenn Sie eine Katze sehen.

Zu Beginn sollten Sie sich angewöhnen, drei verschiedene Reality-Checks auszuführen.

Behalten Sie hier die gleiche Reihenfolge bei. Zum einen hilft die Wiederholung in der gleichen Reihenfolge, dass Sie sich die Reality-Checks gut einprägen, zum Anderen verlassen Sie sich nicht nur auf einen Reality-Check. Wie bereits im Kapitel zu den Reality-Checks erwähnt, klappen manche Reality-Checks nicht bei jeder Person. Versagt so ein Check, können Sie immer noch durch die anderen zwei Reality-Checks klar werden.

Was ist das kritische Bewusstsein?

Kritisches Bewusstsein bedeutet, nicht alles als gegeben hinzunehmen, sondern die Dinge zu hinterfragen.
So einfach es klingt, so schwierig ist dies in der Umsetzung. Gerne verfallen wir dem Alltagstrott und greifen auf unsere gewohnten Muster zurück. Aufstehen, Bad, Frühstücken, Arbeit, Feierabend ...

Durch das kritische Bewusstsein versucht man, aus diesem Alltagstrott auszubrechen.

Hinterfragen Sie Dinge, die Sie sonst als gegeben hinnehmen. Funktioniert alles so, wie Sie es gewohnt sind? Behalten Sie dabei im Hinterkopf, dass Sie sich ja gerade in einem Traum befinden könnten; hier gelten die üblichen Gesetze nicht. Schreibt der Stift und fällt er auch realistisch zu Boden? Kombinieren Sie diese Tests mit einem Reality-Check. Steigern Sie Ihre Aufmerksamkeit gerade in Situationen, in denen Sie sonst unaufmerksam sind. Im Bus, oder bei einem nicht sonderlich interessanten Vortrag. Betrachten Sie hier Ihre Umgebung und achten Sie auf so viele Details wie möglich. Im Traum sind es gerade die Details, die einen oft stutzig machen und so zu einem Klartraum führen können.

Erleben Sie ein Déjà-vu, führen Sie umgehend einen Reality-Check aus. Das Gefühl, etwas bereits erlebt zu haben, tritt oft im Traum auf. Es könnte sein, dass Sie einfach einen vergessenen Traum erneut träumen, sich aber doch irgendwie an ein Detail erinnern. Oft treten wiederkehrende Elemente im Traum auf, die man nicht sofort erkennt.

Wichtig: Nehmen Sie sich Zeit!

Das kritische Bewusstsein zu stärken braucht etwas Zeit und die Umgewöhnung kann dauern.
Dennoch ist es kein Rückschritt, wenn Sie in den Alltagstrott zurückfallen.

Sie müssen keinesfalls rund um die Uhr kritisch sein. Lassen Sie sich nicht entmutigen – die Umstellung braucht seine Zeit.

Klartraum Techniken

6.1 Oberbegriffe: DILD und WILD

In diesem Kapitel werden nur die Unterschiede zwischen DILD und WILD erläutert.
In den Kapiteln 6.7 *»DILD – Dream Induced Lucid Dream«* und 6.8 *»WILD – Wake Induced Lucid Dream«* wird die Technik im Detail erklärt.

Wie bereits erwähnt, handelt es sich bei DILD um keine Technik im eigentlichen Sinne. DILD bezeichnet die Art und Weise, wie man den Zustand des Klarträumens erlangt. Es ist ein übergeordneter Begriff. Ein Klartraum durch DILD bedeutet, dass der Klarträumer aus einem Trübtraum heraus klar wurde. Durch welchen Vorfall dies passiert, ist bei DILD nicht festgelegt.

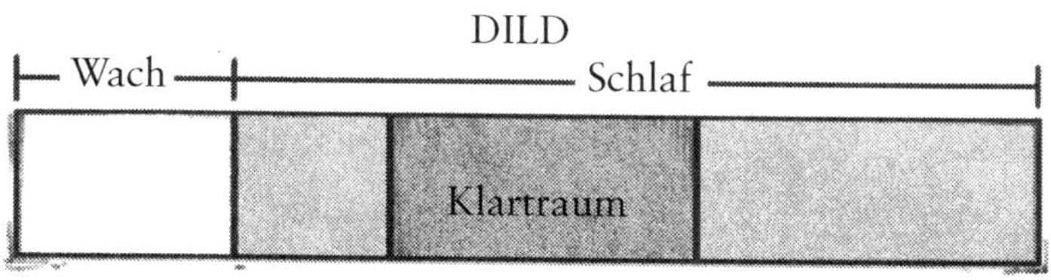

Meist erkennt man aber den Traumzustand anhand eines unlogisch erscheinenden Ereignisses (der Sinn für Realität muss hierzu im Trübtraum für einen Moment aktiv sein) oder durch einen Reality-Check.

WILD hingegen beschreibt eine Technik und die Art und Weise, wie der Klarträumer klar wird. Bei der WILD Technik nimmt der Klarträumer die Bewusstheit mit in den Traum, er befindet sich also ab dem Traumbeginn in einem Klartraum.

WILD

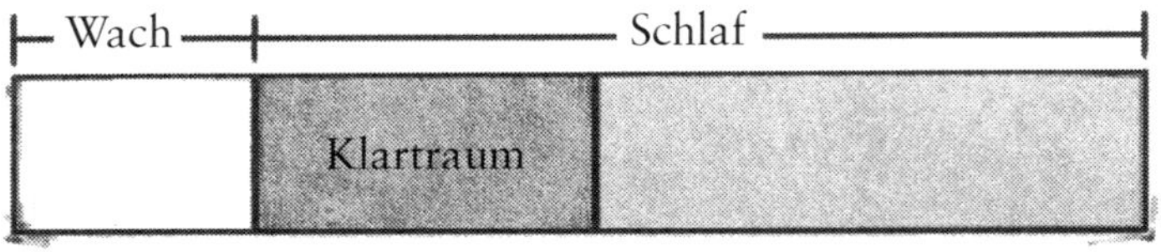

6.2 WBTB - Wake Back To Bed

WBTB bedeutet frei übersetzt »Wach und zurück ins Bett« und ist eine unterstützende Technik. WBTB lässt sich mit anderen Klartraum-Techniken kombinieren und erhöht die Wahrscheinlichkeit auf einen Klartraum. WBTB allein induziert keine Klarträume.

WBTB beeinflusst die Schlafphasen zum Vorteil des Klarträumers, ich wiederhole kurz, was wir bisher über die Schlafphasen wissen: Die häufigsten Klarträume treten in der REM-Phase auf. Die REM-Phasen nehmen gegen Ende der Nacht zu und werden mit jedem (Schlafphasen-)Zyklus länger. Alle Schlafphasen werden im 90-Minuten-Zyklus durchlaufen, wobei die REM-Phase die letzte Schlafphase darstellt, diese tritt also immer gegen Ende eines 90-Minuten-Zyklus auf.

Die WBTB-Technik sieht wie folgt aus:

1. Schlafen Sie fünf bis sechs Stunden

2. Bleiben Sie nun zwischen 15 Minuten und einer Stunde wach.

3. Beschäftigen Sie sich in dieser Wachphase mit Ihren Träumen und/oder dem Thema des Klarträumens.

4. Legen Sie sich wieder schlafen.

Die Wachphase nach den fünf bis sechs Stunden Schlaf verschiebt die Schlafphasen so, dass Sie beim Einschlafen direkt in eine REM-Phase einsteigen. Sie müssen nun nicht erst die anderen vier Schlafphasen durchlaufen, was unter anderem die WILD-Technik stark vereinfacht.

WBTB

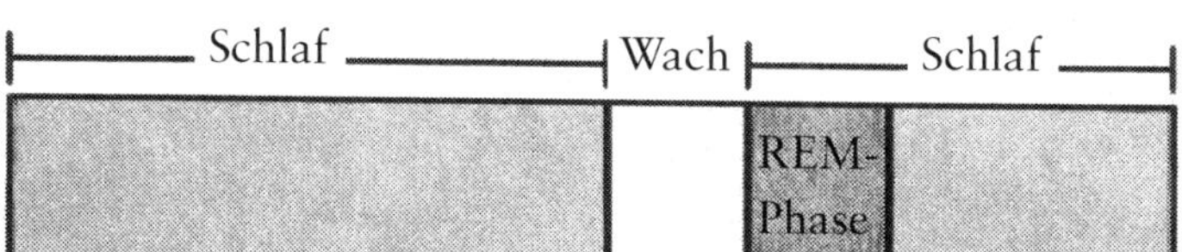

Schreiben Sie in der Wachphase zum Beispiel Ihre Träume in Ihr Traumtagebuch oder lesen Sie ein Buch über Klarträume. Wählen Sie ein traumrelevante Beschäftigung, bei der Sie nicht zu wach werden, aber auch nicht zu müde bleiben. Ein Kaffee würde Sie nicht mehr einschlafen lassen, wenn Sie aber im Halbschlaf im Bett liegen bleiben, verliert die Wachphase Ihre Wirkung.

Während der Wachphase beziehungsweise während des Einschlafens bietet sich die im Folgenden erläuterte Technik der Autosuggestion an.

WBTB-FAQ

Wie lange sollte man schlafen?
Je länger der Schlaf, desto länger ist die REM-Phase, was die haupt Traum- und Klartraumphase ist.
Erfahrungswerte haben gezeigt, dass die optimale Schlafdauer 6-8 Stunden beträgt. Dies kann von Person zu Person variieren.

Wie lange sollte die Wachphase sein?
Die Dauer der Wachphase kann man nach belieben wählen. Es sollten jedoch mindestens 15 Minuten sein, um auch wirklich wach zu werden und so die Veränderung der Schlafphasen hervorzurufen. Je nach Schlafverhalten kann man bis zu einer Stunde wach bleiben, ohne Gefahr zu laufen, nicht mehr einschlafen zu können

Was sollte man in der Wachphase tun?
Schalten Sie unbedingt das Licht an, um nicht wieder einzuschlafen. Befassen Sie sich mit Klarträumen, lesen Sie in Ihrem Traumtagebuch oder notieren Sie sich Ihre gerade erlebten Träume. Hilfreich ist auch, zu meditieren (siehe Kapitel 6.11 »Meditation als Klartraumhilfe«), was Klarträume fördert.
Es gilt das Thema Klarträume so präsent zu halten, dass man es mit in den Schlaf nimmt.

Was kann man gegen Einschlafprobleme nach der Wachphase tun?
Im Vorfeld muss man die richtige Länge für die Wachphase erproben und auch den richtigen Zeitpunkt für das WBTB finden. Je früher die Wachphase im Bezug auf die geregelten Schlafzeiten stattfindet, desto einfacher schläft man danach ein.
Ist es der Körper also gewöhnt, zwischen 4 und 5 Uhr morgens fest zu schlafen, sollten Sie um diese Uhrzeit Ihre Wachphase beenden.
Dunkeln Sie Ihr Schlafzimmer gründlich ab oder benutzen Sie eine Schlafmaske, um nicht frühzeitig vom Sonnenlicht geweckt zu werden.

6.3 Autosuggestion

Durch diese effektive Technik können Sie mit wenig Aufwand eine Vielzahl von Klarträumen erleben.
Bei der Autosuggestion wiederholt man in Gedanken oder laut ausgesprochen ein Mantra, einen kurzen, einprägsamen Satz, der das gewünschte Ziel beschreibt. Autosuggestion lässt sich entweder direkt vor dem Einschlafen oder unter Tags anwenden.

Der Satz sollte möglichst positiv formuliert sein, ansonsten kann man sich aber auf sein Bauchgefühl verlassen. Geht der Satz einem »gut von der Zunge«, ist dieser richtig formuliert.

Beispiele:

»Ich habe heute einen Klartraum!«

»Sobald ich träume, erkenne ich, dass ich träume!«

»Heute erinnere ich mich an meine Träume!«

Wichtig ist, dass Sie den Satz bewusst sprechen beziehungsweise denken. Nebenbei ein paarmal aufgesagt, ohne bei der Sache zu sein, lässt die Wirkung der Autosuggestion verpuffen. Stellen Sie sich dabei bewusst vor, wie Sie Ihr Ziel erreichen.

Bauen Sie Klartraum-Ziele in Ihre Suggestion ein:

»Ich habe heute einen Klartraum und werde über weite Landschaften fliegen!«

Ziele für einen Klartraum sind sehr wichtig, wie im nächsten Kapitel beschrieben wird.

Lassen Sie innerlich Freude über den bevorstehenden Klartraum aufkommen, den Sie durch die Autosuggestion erreichen werden. Selbst wenn diese Freude zu Beginn nur gespielt ist, irgendwann werden Sie innerlich ein Kribbeln verspüren.

Gefühle wie Freude sind nichts anderes als chemische Reaktionen in unserem Körper, auch wenn wir diese (ohne Übung) nicht direkt steuern können, einen gewissen Einfluss darauf kann jeder ausüben.

Versuchen Sie sich so auf den Klartraum zu freuen, so wie Sie sich zum Beispiel auf das Essen in einem guten Restaurant freuen. So sicher, wie Ihr Ober Ihnen Ihr Essen bringen wird, so überzeugt müssen sie davon sein, dass Ihre Suggestion eintreten wird.

Wenden Sie die Autosuggestion beim Einschlafen an, kann es Ihnen passieren, dass Sie einmal abdriften und sich in Ihren Gedanken verlieren. Dies ist kein Beinbruch.
Kehren Sie einfach wieder zu Ihrer Suggestion zurück und fahren Sie fort. Es ist natürlich, wenn Sie gelegentlich den Faden verlieren. Ärgern Sie sich nicht darüber, sondern machen Sie einfach weiter.

Fehler und Misserfolge sind Bestandteil des Lernprozesses und gehören dazu.

Die Technik der Autosuggestion führt nicht bei jeder Anwendung automatisch zum Erfolg. Manchmal klappt die Suggestion, manchmal nicht. Seien Sie deshalb nicht enttäuscht, der Aufwand bei der Autosuggestion ist gering und die Erfolge treten auf jeden Fall nach einer gewissen Zeit ein.

Autosuggestion nach Plan

Suggerieren Sie sich eine Woche lang täglich Ihr Ziel, mehrmals unter Tags, aber auch direkt vor dem Einschlafen. Haken Sie auf einem Blatt Papier oder in Ihrem Kalender die ausgeführte Suggestion ab. Sie können dies natürlich auch in Ihrer Traumstatistik festhalten.

So bleiben Ihr Vorhaben und die Suggestion allgegenwärtig präsent. Verändern Sie die Suggestion nicht, ist diese einmal festgelegt, sollten Sie diese die vollen sieben Tage beibehalten.

Diese ständige Wiederholung inkl. dem täglichen Festhalten Ihres Fortschritts wird Ihre gewünschte Suggestion schnell eintreffen lassen.

6.4 Ziele setzen

Ziele sind in allen Bereichen des Lebens wichtig und helfen Ihnen, Ihre Motivation aufrecht zu halten. Als Oneironaut können sich Ihre Ziele rund um das Thema des Klarträumens drehen: Sei es ein bestimmtes Vorhaben im Klartraum oder einfach nur eine bessere Traumerinnerung.

Im Klartraum selbst gibt es Blockaden (siehe Kapitel 7.9 »*Blockaden im Klartraum*«), welche die Erinnerung an das Wachleben und damit an Ihre Ziele unterdrücken.

Versucht man sich nun an seine Ziele zu erinnern, kann man leicht in einen Trübtraum abdriften oder aus dem Klartraum erwachen.

Führen Sie deshalb im Wachleben eine überschaubare Liste mit Ihren Zielen und haken Sie ab, was Sie bereits geschafft haben. Erfolge steigern die Motivation und helfen Ihnen, weitere Ziele zu erreichen. So verbessern Sie sich stetig.

Tauschen Sie sich über Ihre Ziele mit anderen Klarträumern aus. Der gesunde Wettbewerb steigert die Motivation und gleichzeitig finden Sie neue Ideen und Anregungen für Ihre nächsten Klarträume.

Machen Sie es sich selbst nicht zu schwer. Erreichen Sie ein Ziel nicht, setzen Sie es niedriger an. Dadurch beugen Sie Frustration und Motivationsverlust vor.

Im Klartraum können manche Ziele Probleme bereiten.

Klarträumer berichten zum Beispiel von Schwierigkeiten beim Fliegen oder beim Erschaffen von Gegenständen. Auch im Klartraum braucht es für gewisse Aktionen etwas Übung. Dennoch gibt es keinen Grund zur Angst: Wenn Sie davon überzeugt sind, dass ein Vorhaben klappt, dann gelingt es Ihnen auch. Seien Sie überzeugt und lassen Sie nicht locker. In Kapitel 7. »*Praxishandbuch Klartraum*« erfahren Sie praktische Tipps, mit denen Sie einfach und schnell einige Klippen im Klartraum umschiffen können.

6.5 MILD - Mnemonic Induced Lucid Dream

Mnemonic Induced Lucid Dream bedeutet frei übersetzt »gedächtnisgestützt induzierter Klartraum.« MILD wurde von Dr. Stephen LaBerge entwickelt und in seinem Buch »*Hellwach im Traum*« vorgestellt und beschrieben. Diese Technik können Sie vor dem Schlafen/während oder am Ende der Wachphase des WBTBs ausführen.

Hier kombiniert man Autosuggestion und Visualisierung in der Absicht, sich selbst daran zu erinnern, dass man träumt. Man versucht sein »prospektives Gedächtnis« zu trainieren. Dies ist die Fähigkeit, sich an Ziele und Absichten zu einem exakten Zeitpunkt in der Zukunft zu erinnern.

Sie erfahren beispielsweise kurzfristig von einem wichtigen Termin, können diesen aber nicht notieren. Nun wird diese Information im prospektiven Gedächtnis gespeichert. Zu einem späteren Zeitpunkt erinnern Sie sich wieder daran. Im besten Fall, bevor der Termin stattgefunden hat.

Suggerieren Sie sich, dass Sie den nächsten Traum als solchen erkennen. Stellen Sie sich eine Traumhandlung vor, welche Sie ausführen oder einen bestimmten Ort, den Sie besuchen wollen. Besonders geeignet sind wiederkehrende Orte und Handlungen, aber auch völlig neue Szenarien können für MILD erdacht werden.

Stellen Sie sich zum Beispiel vor, wie Sie fliegen. Versetzen Sie sich in das Gefühl, den Traum als solchen zu erkennen. Dies kann nur ein Traum sein, eben weil Sie gerade fliegen! Im Wachleben ist dies gar nicht möglich!

Verinnerlichen Sie dieses Gefühl, diese Gewissheit. Träumen Sie anschließend von diesem Ort, ist es sehr wahrscheinlich, dass Sie dadurch erkennen zu träumen. Aus dem Trübtraum wird ein Klartraum.

Werden Sie während der Nacht wach und erinnern sich an einen Traum, lässt sich auch hier die MILD-Technik anwenden:

Rufen Sie sich alle Details des Traumes wieder in Erinnerung. Gehen Sie so den Traum mehrmals in Gedanken durch. Nun stellen Sie sich in dieser Traumszene vor, wie Sie diese als Traum erkennen.
Sobald Sie einschlafen, kann es sein, dass Sie den Traum

erneut träumen. Bei erfolgreicher Suggestion wird Ihre erhoffte Veränderung des Traumes eintreten: Sie erkennen, dass Sie träumen.

6.6 DEILD - Dream Exit Induced Lucid Dream

DEILD (nicht zu verwechseln mit DILD, siehe Kapitel 6.7 *»DILD – Dream Induced Lucid Dream«*) ist eine besonders effektive Technik für Personen, die nachts öfters wach werden.

Bewegen Sie sich nach dem Erwachen so wenig wie möglich und halten Sie Ihre Augen geschlossen. Hier gilt es, dem eigenen Körper vorzugaukeln, man würde immer noch schlafen. Fällt Ihr Körper auf den Trick herein, wird die Schlafparalyse eingeleitet und Sie können ähnlich der WILD-Technik direkt in einen Klartraum eintauchen.

Oft erkennt man zu spät, dass man bereits erwacht ist, doch mit etwas Übung gelingt Ihnen dies immer besser und früher. Versuchen Sie entspannt zu bleiben.
Hier gilt es, die goldene Mitte zu finden: Bleiben Sie wach genug, um nicht wieder einzuschlafen. Halten Sie sich aber krampfhaft wach, verhindert dies den natürlichen Einschlafprozess.

DEILD ist leichter zu erlernen als WILD, da man hier die Schläfrigkeit nach dem Aufwachen und die bereits entspannten Muskeln zu seinem Vorteil nutzen kann.

Sehr hilfreich bei der DEILD-Technik sind die in Kapitel 2.4 genannten Tipps um schnell einzuschlafen.

6.7 DILD - Dream Induced Lucid Dream

DILD selbst beschreibt die Art und Weise, wie Sie klar werden: aus einem Trübtraum heraus.
Dies kann durch folgende Situationen entstehen:

- Ihr Sinn für Logik springt im Traum an und Sie erkennen an einem Detail, durch die Umgebung selbst oder durch eine aberwitzige Handlung, dass dies nur ein Traum sein kann.
- Durch einen Reality-Check. Haben Sie sich am Tag angewöhnt, einen Reality-Check auszuführen, tun Sie dies irgendwann auch im Traum.

WBTB, Reality-Checks im Alltag und das kritische Bewusstsein wirken sich unterstützend auf die Anzahl der Klarträume durch DILD aus.

DILD-Techniken führen nicht immer zu einem Klartraum. Es kann passieren, dass Sie trotz vieler Reality-Checks am Tag dennoch im Traum keinen Reality-Check ausführen. Nicht aufgeben! Früher order später werden Sie im Traum einen Reality-Check ausführen.

Dennoch sollten Sie DILD nicht unterschätzen. DILD kann Ihnen sehr viele Klarträume bescheren, Sie dürfen sich nur vom gelegentlichen Ausbleiben der Klarträume nicht frustrieren lassen.

6.8 WILD - Wake Induced Lucid Dream

WILD ist gerade für Anfänger eine anspruchsvolle Technik. Doch diese ermöglicht Ihnen Klarträume (fast) nach Wunsch herbeizuführen.

Die folgenden Schritte erläutern einen einfachen Weg zu Ihrem ersten, erfolgreichem WILD:

1. Entspannen Sie alle Ihre Muskeln. Besonders geeignet hierfür ist die 61-Punkte-Entspan-

nungsmethode (siehe Unterpunkt »61-Punkte-Entspannung«)

2. Bringen Sie sich in eine angenehme Liegeposition Ihrer Wahl.

3. Bewegen Sie sich so wenig wie möglich. Es ist Ihr Ziel, dem Körper vorzutäuschen, Ihr Geist (das Bewusstsein) sei bereits eingeschlafen.

Um den genauen Vorgang zu verstehen, ist es wichtig, zuerst den normalen Einschlafprozess zu betrachten:

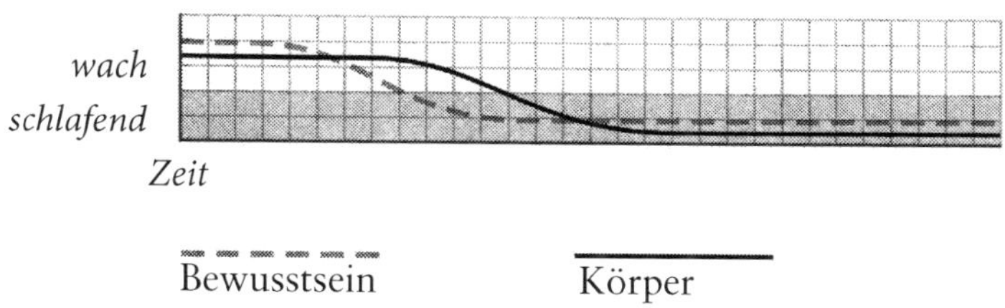

Zu Beginn sind Bewusstsein und Körper wach. Nach einer gewissen Zeit geht Ihr Bewusstsein in den Schlaf über, es wird unbewusst. Erst danach schläft Ihr Körper ein. Es beginnen die fünf Schlafphasen.

Um Ihrem Körper nun vorzutäuschen, Ihr Geist sei bereits eingeschlafen, müssen Sie Ihre ganzen Aktivitäten auf ein Minimum reduzieren: Bewegen Sie sich so wenig wie möglich! Beim Einschlafen sendet das Gehirn Reize aus, die Sie dazu animieren sollen, sich zu bewegen. So drehen Sie sich im Bett umher oder bewegen oder sich zu kratzen. Geben

Sie dem Drang nach, erkennt Ihr Gehirn, dass Sie noch nicht eingeschlafen sind.
Dennoch müssen Sie auch nicht starr wie ein Brett in Ihrem Bett liegen, sonst verkrampfen Sie nur. Sie bewegen sich ja auch während des normalen Einschlafprozesses. Es gilt den persönlichen Mittelweg zu finden, was die WILD-Technik nicht besonders einfach gestaltet. Nur durch ständiges Üben erreichen Sie Ihr Ziel.

Nähern Sie sich mit Ihrem Bewusstsein dem Schlafzustand so weit wie möglich, ohne unbewusst einzuschlafen.

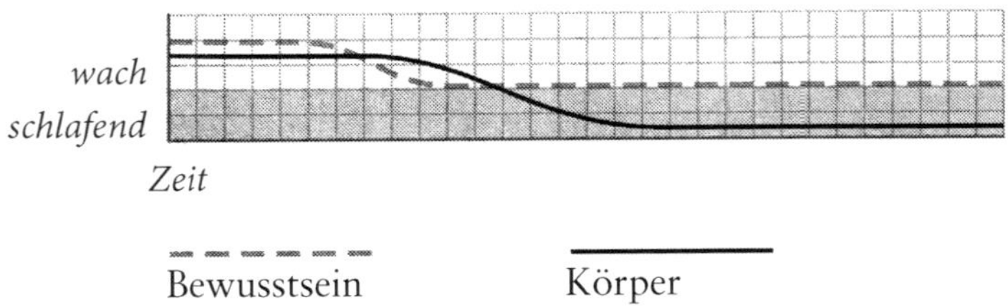

Die Aktivität des Bewusstseins, wie »wach« man ist, muss bis zum niedrigsten Punkt kurz vor dem Einschlafen gesenkt werden. Der Körper nimmt nun an, der Geist wäre eingeschlafen und beginnt die erste Schlafphase einzuleiten, die Einschlafphase.

In der Einschlafphase bewusst zu bleiben gelingt nicht immer, weshalb sich mit WILD auch nur »fast« Klarträume nach Wunsch herbeiführen lassen. Dennoch gibt es keine Technik, die eine größere Klartraum-Frequenz ermöglicht.

Während Sie nun bewusst einschlafen, beginnen sich Ihre Sinne nach innen zu verlagern. Sie wechseln von der Wahrnehmung des Wachlebens, Ihrer Umgebung, zu der Wahrnehmung des Traumes, Ihrem Inneren. Hier können die im Kapitel zur Schlafparalyse bereits erwähnten Phänomene auftreten:

- *Druck/Schwere auf der Brust, ein Gefühl der Beklommenheit und der Eindruck, man könne nur schwer atmen*
- *Gefühltes Herzrasen*
- *Gefühltes Flattern der Augenlider*
- *Schnelle Augenbewegungen*
- *Halluzinationen (Farben, Personen, Muster), bekannt als Hypnagoge – bzw. Hypnopompe Bilder*
- *Phantomgeräusche (oft wird von Stimmen, einem Rauschen, Explosionen oder einem fahrenden Zug berichtet)*

Dies mag auf den ersten Blick beängstigend wirken, dafür gibt es aber absolut keinen Grund. Ihre Atmung funktioniert tadellos und auch Ihr Herz schlägt völlig normal. Sie nehmen die Dinge nur anders war, da sich, wie bereits erwähnt, Ihre Sinne nach innen ziehen.

Diese Vorgänge passieren jede Nacht, normalerweise sind Sie dabei einfach nicht bewusst. Machen Sie sich klar, dass Ihnen nichts passieren kann, und versuchen Sie sich zu entspannen.

Betrachten Sie die Formen und Farben, die vor Ihren geschlossenen Augen entstehen, versuchen Sie nicht einzugreifen, sondern bleiben Sie vorerst nur teilnahmsloser

Beobachter. Hier kann es Ihnen leicht passieren, das Sie zu teilnahmslos werden, abdriften und unbewusst einschlafen. Die Formen werden fortschreitend immer komplexer, bis Sie langsam ein Bild/einen Ort erzeugen: den Traum.
Versuchen Sie nun, in das Bild vor Ihnen einzusteigen. Es kann auch zu einem Sog kommen, der Sie in das Traumgeschehen hinein zieht. Sie haben es geschafft!

Jetzt sind Sie der Herrscher über Ihren Traum!

WILD erleichtern - Eine hypnagoge Übung

Haben Sie Probleme die hypnagogen Bilder wahrzunehmen, kann Ihnen die folgende einfache Übung helfen.

Der Erfolg der Übung hängt maßgeblich von dem Grad Ihrer Wachheit ab. Führen Sie diese Übung nur aus, wenn Sie sehr müde aber nicht übermüdet sind.

1. Suchen Sie sich einen ruhigen Ort, an dem Sie sich entspannen können.
   Bringen Sie sich in eine angenehme Haltung, sei es liegend auf dem Bett oder leicht zurückgelehnt in einem Stuhl.

2. Schließen Sie Ihre Augen und denken Sie über den Tag nach bzw. an den ersten Gedanken, der Ihnen in den Sinn kommt.
   Dieser Gedanke wird sich langsam verselbstständigen, da Sie bereits sehr müde sind.

3. Folgen Sie nun diesem Gedanken bewusst genug, um nicht einzuschlafen. Versuchen Sie nicht die Gedanken/Bilder bewusst zu sehen/zu betrachten, sondern lassen Sie diese aufkeimen und wieder verwelken.
Führen Sie die Übung öfters aus, wird Ihnen dieser Punkt immer leichter fallen.
Die Bilder die nun entstehen, sind keine plastischen Bilder im eigentlichen Sinne. Es scheinen Formen zu sein, die aus Gedanken bestehen. Es ist wie ein Bild ohne visuelle Darstellung.
Ein bewusstes Betrachten lässt die Bilder sofort verschwinden.

4. Versuchen Sie nun immer länger diesen Bildern zu folgen, ohne dass Sie einschlafen.

Es wird Ihnen mit der Zeit immer leichter fallen, die hypnagogen Bilder wahrzunehmen.

61-Punkte-Entspannung

Bei der 61-Punkte-Entspannungstechnik konzentriert man sich auf 61 verschiedene Punkte seines Körpers und versucht, jeweils den Punkt zu fühlen und ihn als Zentrum seines Bewusstseins anzusehen.
Auf den ersten Blick mag die Position der Punkte komplex wirken, diese werden aber in einem festgelegten, logischen Muster abgearbeitet und lassen sich so mit etwas Übung schnell einprägen.

Kennen Sie die Positionen aller 61 Punkte, dann sind Sie bereit, die Entspannungstechnik anzuwenden. Begeben Sie sich nun in eine entspannte Position, ob Sie die Position der Grafik einnehmen, ist Ihnen überlassen.

Beginnen Sie nun bei Punkt Eins. Stellen Sie sich vor, Ihr Bewusstsein/Ihr »Ich«, würde sich im ersten Punkt befinden. Sie können sich als Beispiel innerlich sagen:

»Ich befinde mich in Punkt Eins. Dieser Punkt ist das Zentrum meines Geistes, von welchem mein Denken ausgeht.«

Bleiben Sie ein paar Sekunden mit Ihrem Bewusstsein an diesem Punkt, bis Sie eine Wärme, eine Schwere und eventuell auch ein Kribbeln verspüren. Visualisieren Sie, wie sich Ihr Bewusstsein an diesem Ort befindet.

Zusätzlich können Sie gerne ein selbstgewähltes Mantra im Bezug auf Klarträume aufsagen. Suggerieren Sie sich, dass Sie heute den Traumzustand als solchen erkennen.

Wenden Sie die Übung das erste Mal an, werden Sie mit Sicherheit nach wenigen Punkten abschweifen und unbewusst einschlafen.

Lassen Sie sich davon aber nicht frustrieren, bei jeder Anwendung werden Sie Fortschritte erzielen und sich verbessern.

Ertappen Sie sich dabei, wie Sie abschweifen und Ihre Gedanken kreisen, kehren Sie einfach zum letzten Punkt zurück und fahren Sie fort. Je öfter Sie diese Technik anwenden, desto einfacher wird es Ihnen fallen.

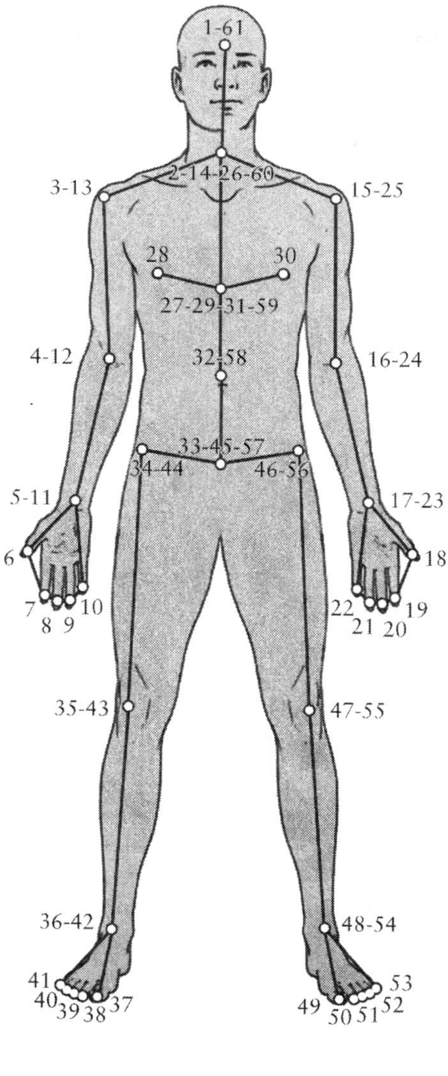
1-61
2-14-26-60
3-13
15-25
28
30
27-29-31-59
4-12
32-58
16-24
33-45-57
34-44
46-56
5-11
17-23
6
18
7
8
9
10
22
21
20
19
35-43
47-55
36-42
48-54
41
40
39
38
37
49
50
51
52
53

WILD-FAQ

Wann soll ich WILD am besten durchführen?
Üben Sie die WILD-Technik am besten nach der Wachphase des WBTB aus oder wenn Sie nach einer längeren Schlafdauer (ca. 5-6 Stunden) wach werden. (Ähnlich der Technik DEILD.)

Gegen Ende des Schlafes werden die REM-Phasen immer länger, Ihnen steht so mehr Klartraum-Zeit zur Verfügung. Ein weiterer Vorteil ist, dass Sie nach der Wachphase des WBTB direkt in eine REM-Phase einsteigen. Sie müssen nicht erst die anderen Schlafphasen bewusst durchlaufen. Ihre Muskeln sind bereits entspannt, wodurch Ihnen das Einschlafen leichter fallen wird.

Diese Vorteile fehlen Ihnen, sollten Sie am Abend einen WILD starten. Es ist möglich, aber gerade für Anfänger um vieles schwieriger. Misserfolge, Frustration und eine »Das schaffe ich nie!«-Einstellung können die Folge sein.

Dennoch gibt es einige Klarträumer, die auch abends problemlos »WILDen«. Es scheint, als würden diese Personen auch ohne WBTB direkt in die REM-Phase einsteigen beziehungsweise die vorangegangenen Schlafphasen stark verkürzen. WILD ist also zum Großteil eine Sache der richtigen Einstellung.

Was ist die richtige Liegeposition?
Ist man sehr müde, sollte man sich in eine etwas unbequeme Liegeposition begeben, wodurch man nicht sofort einschläft.

Bei geringerer Müdigkeit sollte die Liegeposition möglichst bequem sein. Die oft genannte Schlafposition auf dem Rücken ist nicht zwingend erforderlich: Sind Sie es nicht gewöhnt, in dieser Position zu schlafen, ist es so schwieriger für Sie, einen erfolgreichen WILD durchzuführen.

Darf ich Speichel schlucken, der sich in meinem Mund ansammelt?
Denken Sie einfach nicht an Ihre Speichelproduktion, sondern versuchen Sie zuerst Ihren Körper zu entspannen. Gelegentlich können Sie Ihren Speichel hinunterschlucken. Schenken Sie dieser Aktion keine oder möglichst wenig Beachtung.
Während des normalen Einschlafprozesses ist der Schluckreflex ebenso aktiv. Versuchen Sie also krampfhaft nicht zu schlucken, weichen Sie von diesem normalen Einschlafprozess ab und verhindern dessen Fortschreiten.

An was soll ich denken?
Sie können sich in den Schlaf zählen, die 61-Punkte-Entspannung nutzen oder in Gedanken ein Mantra Ihrer Wahl wiederholen.

Generell gilt: Egal an was Sie denken, Sie müssen so unbewusst wie möglich bleiben, aber bewusst genug, um nicht einzuschlafen.

Darf ich mich bewegen?
Ja und nein. Kleinere Bewegungen sind ein Teil des natürlichen Einschlafprozesses.

Dennoch sollten diese so weit wie möglich vermieden werden. Der Drang sich zu drehen und die Schlafposition zu ändern, ist ein Test, ob Sie bereits eingeschlafen sind. Geben Sie diesem Drang nach, erkennt Ihr Körper, dass Sie wach sind. Der Einschlafprozess beginnt nun aufs Neue, was das Eintreten in einen Klartraum verzögert oder gar ganz verhindert.

Wie lange dauert der komplette WILD-Vorgang?
Dies variiert von Person zu Person. Oft wird von 40 – 60 Minuten berichtet, dennoch tritt bei einigen Klarträumern die Schlafparalyse bereits nach wenigen Minuten auf.

Welche Merkmale der Schlafparalyse treten in welcher Reihenfolge auf?
Die Merkmale selbst und deren Reihenfolge kann von Paralyse zu Paralyse variieren. Merkmale können in starker oder schwacher Form auftreten, oder komplett ausbleiben.

6.9 Trauminkubation

Bei dieser Technik denkt oder spricht man einen Satz, der das Thema des Traumes, den man erleben will, beschreibt. Zusätzlich muss man dabei die Absicht verinnerlichen, beim Auftauchen dieses Themas den Traumzustand als solchen zu erkennen.

1. Notieren Sie sich am Tag in einem Satz das Thema des Traumes.
Beispielsweise: »Heute träume ich von Atlantis!«
Das Aufschreiben auf einen Zettel hält das Thema und Ihre Absicht während des Tages immer präsent.

2. Sagen oder denken Sie sich während des Einschlafens diesen Satz. Versetzen Sie sich in das Gefühl, den Traumzustand zu erkennen oder stellen Sie sich vor, wie Sie in diesem Traum einen Reality-Check ausführen.

6.10 Rhythm Napping

Bei der Rhythm Napping Technik lässt sich der Klarträumer in bestimmten Abständen durch einen Ton aufwecken und versucht danach bewusst (ähnlich der WILD und DEILD Technik) einzuschlafen.

Der Ablauf kann wie folgt aussehen:

Weckton 1: nach ca. 6 - 8 Stunden Schlaf

Weckton 2: nach ca. 6 - 8 Stunden + 15 Minuten Schlaf

Weckton 3: nach ca. 6 - 8 Stunden + 30 Minuten Schlaf

Weckton 4: nach ca. 6 - 8 Stunden + 45 Minuten Schlaf

Weckton 5: nach ca. 6 - 8 Stunden + 60 Minuten Schlaf

Weckton 6: nach ca. 6 - 8 Stunden + 75 Minuten Schlaf

Ertönt der Weckton (welcher von alleine ausgehen muss), darf sich der Klarträumer nicht bewegen. Es gilt den Geist wach zu halten und dem Körper vorzutäuschen, man wäre bereits wieder eingeschlafen.

Gelingt dies, lässt es sich bewusst in einen Klartraum einsteigen.

6.11 Meditation als Klartraum-Hilfe

Meditation bietet Klarträumern einige Vorteile: Der meditierende Geist ist ausgeruht, bewusst und fokussiert.
In diesem Kapitel vermittle ich Ihnen die Grundlagen der Meditation, welche Ihre Chancen auf einen Klartraum erhöhen werden.
Meditieren lässt sich sehr vereinfacht in einem Satz zusammenfassen:

»Meditation ist das Denken an Nichts«

Der Meditierende versucht seinen Geist von allen Gedanken zu befreien. Dies ist leichter gesagt als getan. Selbst nur lächerlich kurz erscheinende 20 Sekunden keinen Gedanken aufkommen zu lassen, ist nicht leicht.
Zu unserem Zweck kann aber auch ein Mantra, ein Klartraum-relevantes Wort oder ein kurzer Satz in Gedanken wiederholt oder leise aufgesagt werden.

Hier nun eine einfache Variante der Meditation:

1. Setzen Sie sich bequem, mit möglichst aufrechtem Rücken, an einen ruhigen Ort.

2. Entspannen Sie sich so weit wie möglich, atmen Sie hierzu mehrmals tief ein und aus. Atmen Sie ein, füllt sich Ihr Körper mit Entspannung und Ruhe. Atmen Sie aus, verlassen Stress und Anspannungen Ihren Körper.

3. Wählen Sie nun ein für Sie wichtiges Wort oder einen kurzen (klartraumrelevanten) Satz.

4. Schließen Sie nun Ihre Augen. Atmen Sie tief ein und sagen, flüstern oder denken Sie sich Ihr Mantra/ Ihren Satz.
Lassen Sie keine anderen Gedanken oder Bilder aufkommen, konzentrieren Sie sich auf das Mantra und sonst nichts. Wiederholen Sie das Mantra mit jedem Atemzug.
Tauchen ungewollte Bilder auf, lassen Sie diese einfach vorüber ziehen. Versuchen Sie auf die Innenseite

Ihrer geschlossen Augenlider zu sehen. Dies ist sehr hilfreich um »nichts« zu sehen. So vermeiden Sie das Auftauchen von Bildern, da Sie aktiv versuchen »zu sehen«, wo es nichts zu sehen gibt.

Sie können sich auch ohne Mantra nur auf Ihre eigene Atmung konzentrieren.

Versuchen Sie regelmäßig zu meditieren und die Dauer zu steigern. Sie werden von allein die für Sie richtige Dauer finden. Meditieren Sie aber mindestens 5 Minuten.

Wichtig: Ungewollte Gedanken/Bilder

Ihnen werden mit Sicherheit ungewollte Bilder und Gedanken erscheinen, Sie werden abschweifen und Ihr Mantra vergessen.

Das ist völlig normal und menschlich. Wichtig ist, dass Sie dies akzeptieren! Wenn Sie abschweifen, dann kehren Sie einfach wieder zu Ihrem Mantra oder zu Ihrer Atmung zurück.

Visualisierung

Ähnlich der Meditation konzentriert man sich bei der Visualisierung auf ein Symbol oder ein Bild. Lassen Sie das Symbol oder das Bild vor Ihren geschlossenen Augen erscheinen. Versuchen Sie auch hier keine anderen Bilder aufkommen zu lassen.

Dieses Bild muss nicht besonders detailreich sein. Wichtig ist, dass Sie das Bild in Ihrem Inneren als »real« empfinden.

Als Klarträumer können Sie zum Beispiel einen wiederkehrenden Traum oder eine bestimmte Szene, von der Sie träumen möchten, visualisieren. Bauen Sie in diese Szene das Erkennen des Traumzustandes ein. Stellen Sie sich also vor, wie es ist, den Traumzustand zu erkennen, indem Sie zum Beispiel einen Reality-Check ausführen.

Tipp: Das Bild beschreiben

Fällt es Ihnen schwer, sich vor Ihrem inneren Auge ein Bild vorzustellen, können Sie auch einfach innerlich in Worten beschreiben, was Sie sehen wollen:

»Ich sehe mich selbst auf einer großen, grünen Wiese stehen. Ich bin umgeben von saftigem, kniehohem Gras…«

Die Bilder werden von alleine auftauchen, scheinbar völlig ohne Ihr Zutun.

In den Schlaf zählen

Während Sie einschlafen, halten Sie Ihren Geist minimal wach, in dem Sie fortlaufend zählen. Dies ist besonders bei der WILD-Technik hilfreich.

Zählen Sie bis 100, optional können Sie an jede Zahl ein Mantra anhängen:

»Eins, ich träume gerade«

»Zwei, ich träume gerade«

»Drei, ich träume gerade«

»Vier, ich träume gerade«

...

Auch lässt sich das Ganze mit einer Visualisierung verbinden. Stellen Sie sich vor, Sie würden in einem Aufzug stehen und bei jeder Zahl in einem neuen Stockwerk ankommen. Stellen Sie sich die Zahl vor, wie diese groß auf der Stockwerksanzeige erscheint.

Eine weitere Visualisierung wäre das Aufsteigen in einem Treppenhaus, in jedem Stockwerk finden Sie die aktuelle Zahl an der Wand.

Bauen Sie in regelmäßigen Abständen in Ihrer Vorstellung einen Reality-Check ein.
So können Sie es schaffen, direkt in einen Klartraum einzusteigen oder Sie erkennen bei einem Reality-Check plötzlich, dass Sie bereits träumen.

Zählen Sie nicht zu hoch, mit der steigenden Müdigkeit neigt man bei zu hohen Zahlen dazu, sich zu verzählen. Schnell schweift man ab und schläft unbewusst ein. Beginnen Sie ab 100 wieder von vorne.

Praxishandbuch Klartraum

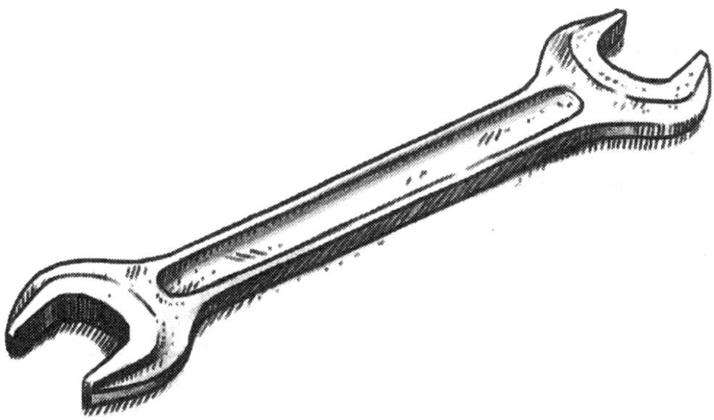

7.1 Wünsche bewusst aussprechen

Bevor wir in den Praxisteil dieses Klartraum-Handbuches einsteigen, möchte ich Ihnen zu Beginn eine grundlegende Hilfe mit auf den Weg geben:

Gelegentlich will ein bestimmtes Vorhaben im Klartraum einfach nicht funktionieren.
Die gewünschte Veränderung an der Traumumgebung tritt einfach nicht ein, der Gegenstand lässt sich ohne ersichtlichen Grund nicht erschaffen. Ich selbst habe dies oft im Klartraum erlebt.

Die bereits erwähnten Regeln des Wachlebens liegen uns einfach immer noch im Blut. Wir sind es nicht gewöhnt, Unmögliches möglich zu machen, deshalb kann uns dies gerade am Anfang im Klartraum Schwierigkeiten bereiten.

Nach vielen Fehlschlägen wurde mir bewusst, dass das Scheitern nicht am Vorhaben selbst liegt, sondern an der Art und Weise, wie ich die Veränderung ersehne. Zum einen muss man sich von den Regeln des Wachlebens lösen, zum anderen muss man seinen Wunsch bewusst aussprechen.

Viel zu unbewusst habe ich mir die Veränderungen im Traum herbeigewünscht, viel zu schnell habe ich meinen Wunsch aufgegeben und mich dem nächsten Wunsch zugewandt.

Bleiben Sie bei einer Sache und wiederholen Sie Ihren Wunsch wirklich bewusst. Lassen Sie sich durch nichts ablenken und bleiben Sie fokussiert.

> *Gehen Sie im Klartraum wie folgt vor, um Ihren Wunsch umzusetzen:*
>
> 1.Halten Sie einen Moment inne und konzentrieren Sie sich auf Ihren Wunsch. Wichtig ist, dass Sie Ihr Ziel bildlich vor Ihrem inneren Auge sehen.
>
> 2. Sprechen Sie Ihren Wunsch selbstbewusst, laut und überzeugt mehrmals aus. Wichtig ist hier, die Veränderung nicht einfach zu erwarten, sondern auch zu sehen, wie diese eintreten soll.

Sie wollen das Haus Ihrer Kindheit besuchen? Wie soll das Haus erscheinen? Dass es »einfach da ist«, funktioniert oft nicht. Stellen Sie sich vor, wie es aus dem Boden wächst oder es aus einer großen Luke emporsteigt. Es ist von Vorteil, die Veränderung außerhalb Ihres Sichtfeldes zu erwarten. So könnte etwa das Haus einfach hinter Ihnen erscheinen.

Lassen Sie, falls es zu Ihrem Wunsch passt, auditive Reize zur Bestätigung erklingen.
Das Haus meiner Kindheit wächst hinter meinem Rücken aus der Erde? Das macht sicher Krach, da hört man doch die Erde aufbrechen.

Auditive Reize lassen sich im Klartraum sehr leicht erzeugen, diese unterstützen und verstärken Ihren Wunsch zusätzlich.

Konzentrieren Sie sich also auf Ihr Ziel und wiederholen Sie den Wunsch. Wenn Sie dran bleiben, wird sich der Klartraum Ihrem Wunsch beugen.

Tipp: Die Hand vor den Augen

Halten Sie sich eine Hand mit etwas Abstand vor Ihre Augen. Die Hand soll dabei den Großteil Ihres Sichtfeldes verdecken.

Erwarten Sie nun die gewünschte Veränderung im Klartraum. Das Fehlen der direkten Sicht auf Ihre Umgebung gestaltet es für Sie einfacher, die Veränderung herbeizuführen.

7.2 Erschaffen und verändern

Machen Sie sich klar, dass die Welt der Klarträume sich zwar wie das Wachleben anfühlt, aber gänzlich unter Ihrer Kontrolle steht!

Gegenstände

Beim Erschaffen eines Gegenstandes ist es hilfreich, diesen

aus einem nicht einsehbaren Bereich in Ihr Sichtfeld zu holen.

Kleinere, aber auch größere Gegenstände können Sie einfach aus Ihrer Hosentasche ziehen: Greifen Sie in Ihre Tasche und erwarten Sie einfach, den Gegenstand dort zu spüren. Wie muss sich dieser anfühlen? Weich? Hart? Rau?

Wenn Sie den gewünschten Gegenstand in einem Bereich erwarten, den Sie nicht einsehen können, wird Ihnen das Erschaffen um vieles leichter fallen. Ertasten Sie den Gegenstand hinter eine Ecke oder öffnen Sie ein Schranktürchen ein kleines Stück. Greifen Sie in den kleinen Spalt, während Sie bewusst den Blick abwenden.

Gehen Sie nach dem selben Prinzip vor, wenn Sie einen Gegenstand umwandeln wollen. So lässt sich jeder beliebige Gegenstand nach Ihren Vorstellungen verändern. Wenden Sie den Blick ab und erwarten Sie das gewünschte Ergebnis, fühlen Sie, wie der Gegenstand sich in Ihren Händen verändert.

Personen

Wollen Sie eine bestimmte Traumfigur Ihrer Wahl treffen, können Sie diese nach Belieben erschaffen oder eine bestehende Traumfigur umwandeln. Sagen Sie sich zum Beispiel »Hinter dieser Türe finde ich Person XY« oder »Wenn ich mich umdrehe, steht dort Person XY«

Ist eine Traumfigur in der Nähe, können Sie diese auch in die gewünschte Person »umwandeln«.

Die Veränderung einer Traumfigur ändert nichts an oder in Ihrem Unterbewusstsein. Der Klartraum ist eine Reflektion, eine Scheinwelt, deren Änderung sich nicht auf Ihren Kern auswirkt.

7.3 Ortswechsel

Die folgenden Techniken helfen Ihnen, Ihren Wunsch des Ortswechsels zu unterstreichen und diesen erfolgreich herbeizuführen.

Türen

Jede Türe lässt sich einfach nutzen, um an einen anderen Ort zu gelangen. Egal, ob Ihr Ziel der stürmische Mount Everest, der Dschungel in Malaysia oder einfach nur das Haus nebenan ist.

Treten Sie vor die Türe und wünschen Sie sich, dass sich dahinter Ihr Zielort befindet. Vor Ihrem inneren Auge sollten Sie ein spezielles Bild des Ortes haben, visualisieren Sie, wie sich die Türe zu diesem Ort öffnet. Sollten Sie kein spezielles Bild vor Augen haben, weil Sie sich vielleicht überraschen lassen wollen (wie sieht Atlantis, das Jenseits oder das Haus nebenan von innen wirklich aus?) ist dies aber auch möglich.

Beachten Sie auch die Auswirkungen Ihres Zielortes auf die

Türe selbst. Ist die Türklinke kalt und mit Eis überzogen? Dem muss so sein, da die Türe ja direkt zum Mount Everest führt. Hört man Geräusche des Urwaldes, sobald man sein Ohr an die Türe legt? Solch kleine Details verstärken Ihren Wunsch und helfen, diesen erfolgreich eintreten zu lassen. Sie geben wenige Details vor, welche die Richtung weisen, und Ihr Unterbewusstsein wird Sie mit einer Fülle an weiteren Details und Feinheiten überraschen.

So sind die Gewohnheiten und Regeln aus dem Wachleben zum ersten Mal hilfreich, denn eine Türe führt immer an einen anderen Ort.

Ist keine Türe in der Nähe, malen Sie einfach mit einem Stift oder Ihrem Finger eine Türe an die Wand.
Dies ist eine einfache »Brücke«, um Ihrem Willen zum Ortswechsel mehr Ausdruck zu verleihen.
Möchte der Stift oder Finger nicht so recht malen, ist dies kein Problem, denn Farbe hat man immer dabei: die eigene Spucke.
Ein Trick, der im Klartraum immer funktioniert.

Weitere Hilfen beim Ortswechsel

Jede Treppe, jede Luke oder jeder Vorhang kann ebenso zum Ortswechsel genutzt werden, ob bereits vorhanden oder von Ihnen aufgemalt, spielt natürlich keine Rolle.

Die nächste Wand erfüllt dafür auch ihren Zweck: Gehen Sie einfach durch die Wand, um den Ortswechsel durchzuführen. Mehrere Techniken, um einfach durch eine Wand zu kommen, finden Sie im Kapitel 7.6 *»Durch Wände gehen«*. Betrachten wir uns exemplarisch eine Variante, um erfolgreich den Ort durch eine Wand zu wechseln:

1. Stellen Sie sich direkt vor die Wand.
2. Führen Sie Ihre Handflächen vor Ihrer Brust zusammen, so dass die Finger von Ihrer Brust weg zeigen. Ähnlich der Haltung, wenn Sie einen Hechtsprung ins Wasser vollführen.
3. Stellen Sie sich Ihr gewünschtes Ziel vor Ihrem inneren Auge vor.
4. »Stechen« Sie nun mit den Händen in die Wand und gehen Sie hinein.
   Ihre Hände werden in die Wand wie in Butter eindringen und Ihnen das Durchgehen ermöglichen.

Auch hier gilt, sich das gewünschte Ziel hinter der Wand vorzustellen. Seien Sie davon überzeugt und es wird klappen!

Wichtig ist aber, sich nicht komplett von solchen Hilfen abhängig zu machen. Im Klartraum hat der Klarträumer die Kontrolle und sollte nicht von einer Türe aus Spucke abhängig sein. Nutzen Sie diese Technik als Hilfe, versuchen Sie aber dennoch, Ortswechsel und Veränderungen nur durch Ihre Willenskraft herbeizuführen.

7.4 Fliegen im Klartraum

Folgende praktische Tipps werden Ihnen helfen, so dass dem luftigen Vergnügen im Klartraum nichts mehr im Weg steht.

Wichtig: Reality-Check nicht vergessen!

Führen Sie vor jedem Flugversuch einen Reality-Check durch!

Der Start

Gehen Sie tief in die Knie und stoßen Sie sich fest vom Boden ab. Alternativ können Sie auch von einem Stuhl oder Tisch Ihren Flug starten.
Auch ein Hechtsprung von einem höheren Punkt ist möglich, führen Sie zuvor aber sicherheitshalber mehrere Reality-Checks aus!

Hilfreich beim Start/während des Fliegens:

- Formen Sie eine Faust und strecken Sie den Arm aus. Sie stehen einem Superhelden in nichts nach!
- Imitieren Sie die Geräusche von brausendem Wind oder das Geräusch eines Flugzeugs.

Lassen Sie Hilfsmittel erscheinen:

- Jetpack
- Raketenschuhe
- Mechanische oder natürliche Flügel
- Fliegerbrille, Schal und Mütze
- Verwandeln Sie sich in einen Vogel.

Diese Tipps sind rein psychologische Stützen, die Ihrem Wunsch mehr Ausdruck verleihen. Im Klartraum gelten die Regeln des Wachlebens nicht. Dennoch halten wir, wie bereits erwähnt, oft an diesen Regeln fest, wenn auch unbewusst.

Die beste Hilfe beim Fliegen im Klartraum ist es, sich bewusst zu machen, dass man keinerlei Hilfsmittel benötigt! Es ist Ihr Klartraum, Sie haben die Kontrolle!

7.5 Sex im Klartraum

Somit wären wir bei der wohl beliebtesten Beschäftigung im Klartraum angekommen: Sex.

Ein Thema, welches in Klartraum-Büchern, aber auch in Klartraum-Foren im Internet trotz der Beliebtheit wenig behandelt wird.

Zuerst sollte eine oft gestellte und wichtige Frage geklärt werden:

Besteht die Gefahr, dass ich beim Geschlechtsverkehr aufwache?
Starke Gefühle sollen zum Erwachen aus dem Klartraum führen. Ob dies letztendlich stimmt oder ob man sich dieses Verhalten selbst einredet, kann man nur schwer beantworten. Wie bereits in der FAQ erwähnt, werden Erwartungen im Traum meist erfüllt. Erwartet man also bei sexuellen Aktivitäten im Klartraum aufzuwachen, wird dieser »Wunsch« auch eintreten.

Allgemein sollte man eine gewisse Gelassenheit/Distanziertheit an den Tag legen. Auch hier gilt: Übung macht den Meister.

Den Partner finden

Erschaffen Sie sich Ihren Traumpartner oder wandeln Sie eine Traumfigur nach Ihren Wünschen um.

Der Geschlechtsverkehr

1. Sex ohne Höhepunkt

Sex im Klartraum muss nicht immer zum Höhepunkt führen. Der Akt ist auch ohne Höhepunkt eine befriedigende Erfahrung. Der Höhepunkt sollte nicht immer das Ziel sein.

Um das Erlebnis zu verbessern, können Sie sich zum Beispiel eine »intensivere Wahrnehmung« wünschen.

2. Sex mit beschleunigtem Höhepunkt

Die Regeln des Wachlebens gelten nicht, man ist Herrscher über den Traum und damit auch über seinen Körper; einen Körper, der im Klartraum nicht real existiert, da er ein Produkt der eigenen Vorstellungskraft ist.
Der Höhepunkt lässt sich fast nach Belieben einleiten, die Zeitspanne kann hier (fast) selbst bestimmt werden.
Wer also Angst hat, aus dem Klartraum zu erwachen, kann dem Akt nach eigenem Ermessen ein schnelles, aber dennoch nicht weniger befriedigendes Ende setzen.

3. Sex mit normalem Höhepunkt

Wer die Kontrolle aufbringt, kann den Akt natürlich auf eine beliebige Dauer ausweiten. Befürchtet man aufzuwachen, helfen die leichte Distanz und gegebenenfalls auch die Stabi-Techniken. (Siehe Kapitel 7.7 »Stabilisation«)
Hier stellt sich natürlich wieder die Frage: Nacebo-Effekt (lat. nocere = schaden, nocebo = ich werde schaden) oder

nicht? Reden wir uns vielleicht nur ein, dass Sex im Klartraum uns erwachen lässt?
Wie bereits erwähnt, ist eine gewisse Distanz immer hilfreich, diese mindert aber das Erlebnis keineswegs.

Auswirkungen auf den Körper

Dr. Stephen LaBerge fand bei Frauen über eine Vaginalsonde heraus, dass die Erregungskurve und die Muskelkontraktion mit dem im Traum erlebten Orgasmus übereinstimmen. (»Hellwach im Traum« – Stephen LaBerge, Junfermann Verlag). Der Traumorgasmus hat also Auswirkungen auf den Körper.

Bei Männern, so fand LaBerge heraus, besteht kein Zusammenhang zwischen dem Samenerguss im Klartraum und dem im Wachleben. Ein Orgasmus im Traum führt nicht zu Ejakulation im Wachleben.

Kreativ experimentieren

Ein Klartraum bietet so viele Möglichkeiten, die einem im Wachleben nicht gegeben sind. Warum den Klartraum nicht auch im Bezug auf Sex kreativ nutzen?

- Sex in der Schwerelosigkeit.
- Sex als das andere Geschlecht.

- Sex ohne Körper?
- Multiple Orgasmen als Mann?
- Im Akt verschmelzen.

Zum Abschluss sei noch Folgendes gesagt:

Die Balance finden

Sex ist ein Urinstinkt, dem man gerade im Klartraum schnell verfällt, da die sozialen Grenzen und Zwänge wegfallen.

Gerade deshalb sollte man aber seine kostbare Klartraum-Zeit nicht nur mit Sex vergeuden... Finden Sie die Balance.
Ein wenig Spaß sei jedem zugestanden, doch es gibt noch so viel mehr, so viel Schöneres und Wichtigeres im Klartraum zu erleben. So schön der Akt auch sein mag, nach dem Erwachen hat man nichts davon.

Nutzt man den Klartraum zu Lösung von Problemen, zur (Weiter-)Entwicklung, zur Erforschung von Ideen und seiner selbst oder zur Förderung kreativer Ideen, so kann man auch etwas greifbares und dauerhaftes mit in das Wachleben nehmen, dessen Ursprung im Traum liegt.

7.6 Durch Wände gehen

Hier finden Sie ein paar Tricks, um Probleme beim Durchschreiten von Wänden zu umgehen:

- Schließen Sie einfach Ihre Augen und schreiten Sie hindurch, ganz nach dem Motto »Was ich nicht sehe, ist nicht da«.
- Die Wand weich machen (zum Beispiel darüber streichen).
- Handschuhe, welche »wand-durchdringend« sind, anziehen.
- Eine Türe an die Wand malen.
- Seitlich durchgehen (psychologischer Effekt: Man ist nicht so breit und kommt folglich leichter hindurch).
- Sich hinein drehen.
- Einen Vorhang erscheinen lassen und hindurch laufen.
- In die Wand hechten (sehen Sie die Wand als Wasser, durchdringen Sie hechtend die Oberfläche).
- Die Hände zu einem Dach formen, in die Wand stecken, und die Wand teilen.
- Mit einem Reißverschluss die Wand öffnen.

Es gibt unendlich viele Möglichkeiten, sich »Hilfsmittel« erscheinen zu lassen. Ihr Wille ist Gesetz, behalten Sie diese Regel immer im Hinterkopf.

7.7 Stabilisation

In den ersten Klarträumen oder bei starken Emotionen (so vermutet man) kann man ungewollt aus dem Klartraum erwachen. Die Instabilität kann sich durch eine unscharfe, verengte Sicht und durch mangelnde Kontrolle über den Körper bemerkbar machen. Meist bricht nach kurzer Zeit der Klartraum zusammen und man erwacht.

Folgende Techniken zur Stabilisation des Klartraums schaffen Abhilfe:

> Hände reiben
> Reiben Sie Ihre Hände aneinander, spüren und konzentrieren Sie sich auf die Wärme, welche dadurch entsteht.
>
> Drehen
> Drehen Sie sich auf der Stelle.
> Nachteil: Nach der Drehung können Sie sich ungewollt an einem anderen Ort befinden.

Laut rufen

Rufen Sie Dinge wie »Klarheit!/Klarheit sofort!« oder »Stabilität!«

Auf einen anderen Sinn konzentrieren

Singen Sie laut oder versuchen Sie besser zu hören und sich auf das Hören selbst/den anderen Sinn zu konzentrieren.

Bezug zum Wachleben

Stellen Sie einen Bezug zu Ihrem Wachleben her: Sagen Sie Ihre Adresse oder Telefonnummer auf.

Sagen Sie zum Beispiel laut:

»Ich weiß, dass ich gerade träume. In Wirklichkeit liege ich gerade in meinem Bett in der XY-Straße 4 und schlafe. Dies ist mein Traum, ich habe die Kontrolle über das Geschehen!«

REM-Augenbewegungen imitieren

Blicken Sie abwechselnd nach links und wieder nach rechts. Dies imitiert die typischen Augenbewegungen der REM-Phase.

Erwartung und Vertrauen

Vertrauen Sie einfach darauf, im Klartraum zu

bleiben und nicht aufzuwachen.
»Warum sollte ich aufwachen? Dieser Klartraum ist stabil und wird lange andauern.«

Verantwortung übertragen
Übertragen Sie die Verantwortung für die Stabilität auf ein anderes, zuverlässiges Objekt.

Hier ein kleines Traumbeispiel aus meinen persönlichen Klartraum-Berichten:

... Ich stehe aus meinem Bett auf und mache einen Nasen-RC, mein Handy habe ich noch (aus dem vorangegangenen Trübtraum) in der Hand. Plötzlich verengt sich mein Sichtfeld, es wird kreisförmig zur Mitte hin von Dunkelheit/Trübheit verkleinert. Ich komme auf die Idee, mein Sichtfeld »von Hand« zu vergrößern: Ich fasse die Kanten der Dunkelheit und versuche, diese auseinanderzuziehen, was nicht so richtig klappt. Ich rufe »mehr Helligkeit«, was auch nicht so recht hilft.
Jetzt denke ich an das Handy und sage mir, dass mein Handy Klarheit und Licht produziert. (Ich verlagere die »Verantwortung«, nicht ich muss für Klarheit sorgen, sondern mein Handy, eine Maschine übernimmt dies für mich. Maschinen funktionieren in der Regel zuverlässig, es muss also klappen.) Und siehe da, es funktioniert tadellos ...

Wie Sie aus dem Traumbeispiel entnehmen konnten, haben die Versuche der Stabilisation durch das Rufen von »Klarheit sofort!« keine Wirkung gezeigt.

Stabi-Techniken brauchen etwas Übung und müssen mit voller Überzeugung ausgeführt werden. Halbherzig ausgeführt wirken Sie nur selten. Geben Sie also nicht auf, eine Stabilisations-Technik funktioniert nicht immer beim ersten Versuch.

Falsch Erwachen wollen

Wünschen Sie sich, falsch zu erwachen. Beachten Sie dabei aber Folgendes:

Wichtig: Klarheit kann verloren gehen!

Nach einem falschen Erwachen, gewollt oder nicht, kann der Klarträumer in einen normalen Trübtraum ohne Kontrolle gleiten.
Gewollt falsch zu Erwachen sollte als letztes Mittel gewählt werden!

7.8 Traumcharaktere/ Traumfiguren

Als Traumcharakter oder Traumfigur bezeichnet man eine Person in einem Klar – oder Trübtraum, welche nicht das eigene Selbst darstellt.
Diese können Personen aus dem Wachleben bis auf das kleinste Detail gleichen, oder Ihnen komplett unbekannt im Erscheinungsbild und/oder Verhalten sein. Oft werden Sie bestimmte Wesenszüge oder visuelle Charakteristika in Traumfiguren entdecken, die Sie von Personen aus dem Wachleben kennen.

Traumfiguren lassen sich in folgende »Arten« einteilen:

Identische Traumfigur
Die Traumfigur ist identisch mit einer Person, die Sie aus dem Wachleben kennen.

Ähnliche Traumfiguren
Die Traumfigur ähnelt einer Person aus dem Wachleben. Dies kann das Aussehen und/oder den Charakter/die Ausstrahlung betreffen.

Vermischte Traumfiguren
Die Traumfigur ist eine Mischung aus Personen aus dem Wachleben. Dies kann das Aussehen und/oder den Charakter betreffen.

UNBEKANNTE TRAUMFIGUREN
Traumfigur ähnelt keiner Person, die Sie aus dem Wachleben kennen.

Die Traumfiguren weisen oft markante Eigenheiten auf. So lassen sich manche einfach nicht davon überzeugen, dass sie nicht real sind und alles nur ein Traum ist. Oft beharren sie stur darauf, keine unwirkliche Figur zu sein. Dies spielt wieder der Theorie zu, der Traum sei eine Übung für das Wachleben. Es wird versucht, den Träumenden davon zu überzeugen, dies sei die Realität.

Auch wenn die Traumfiguren vermutlich aus dem eigenen Unterbewusstsein stammen und vielleicht sogar einen Teil davon repräsentieren, Sie können keinen Schaden anrichten, es kann nichts »kaputt« gehen. Ob Sie nun eine Traumfigur umwandeln oder gar töten, es spielt keine Rolle.

Sehen Sie Traumfiguren als Spiegel. Der Spiegel zeigt eine Facette, eine Eigenschaft oder ein Problem.
Ändern, beschädigen oder zerstören Sie den Spiegel, ist nur das Spiegelbild verschwunden, nicht aber das, was der Spiegel reflektiert hat.
Ein freundliches Verhalten gegenüber Traumfiguren ist aber unabdingbar, falls Sie Traumfreunde gewinnen wollen.

Traumfreunde

Ein Traumfreund ist eine wiederkehrende Traumfigur, die Ihnen in den verschiedensten Situationen im Traum beiseite steht. Das Aussehen der Traumfigur ist in der Regel immer gleich, dennoch kann der Traumfreund auch in einer anderen Form auftauchen. Hier weiß man einfach, dass es sich um eben diesen Traumfreund handelt. Doch wie gewinnt man einen Traumfreund?

Fragen Sie, ob Sie einer Traumfigur behilflich sein können. Gibt diese Ihnen eine Aufgabe, erfüllen Sie diese mit der Bedingung, dass eine Traumfreundschaft geschlossen wird. Es muss nicht immer eine Aufgabe erfüllt werden, sprechen Sie doch einfach die nächste Traumfigur an und bieten Sie ihr Ihre Freundschaft an.

Das Schließen einer Traumfreundschaft klappt nicht immer. Eine größere Chance auf Erfolg haben Sie, wenn Ihnen die Traumfigur etwas bedeutet. So eignen sich zum Beispiel Traumfiguren, die Abbilder nahestehender Personen aus dem Wachleben darstellen, besonders als Traumfreunde. Die Lebensgefährtin, der Ehemann oder einfach der beste Freund. Hier besteht bereits eine Bindung im Wachleben, die auch in den Traum übergeht.

Solch eine Traumfreundschaft bringt nur Vorteile. Traumfreunde können Ihnen bei den verschiedensten Problemen eine Hilfe sein. So können Sie Ihren Traumfreund um Rat bei schwierigen Fragen oder kreative Anregungen bitten. Bedenken Sie, dass die Antworten manchmal auch völlig sinnfrei sein können. Wie es Träume so an sich haben, ist die wahre Botschaft meist nicht auf den ersten Blick erkennbar.

Bei wiederkehrenden Albträumen, Monstern oder Feinden im Traum kann ein Traumfreund Ihnen zur Hilfe eilen. Man muss sich dafür aber nicht zwingend in einem Klartraum befinden. Ist man eine enge Bindung mit einem Traumfreund eingegangen, können diese auch in Trübträumen ohne Kontrolle oder Albträumen auftauchen.

Gerade im Klartraum lassen sich Feinde in Traumfreunde verwandeln. Bezwingt man diese in einem Kampf, kann man die Traumfreundschaft einfordern.

Kämpfe sollten aber im Klartraum immer als letztes Mittel gegen feindselige Traumfiguren gesehen werden. Wichtig ist, freundlich zu bleiben, Hilfe anzubieten, und den Dialog zu suchen.

7.9 Blockaden im Klartraum

Im Klartraum treten oft Blockaden und Hindernisse auf. Hier sind es wiedereinmal die gewohnten Regeln und Gesetze des Wachlebens, die uns im Klartraum einschränken wollen.

So kann Ihr Erinnerungsvermögen teilweise blockiert sein, was Sie unter anderem daran hindert, sich an Ihre Klartraumziele zu erinnern. Dies ist einer der Gründe, warum Sie sich nur einige wenige Ziele für jeden neuen Klartraum setzen sollten.

Gerade weil im Klartraum alles möglich ist, kann es einem schwer fallen, sich für ein Ziel zu entscheiden. Die Auswahlmöglichkeiten sind praktisch unendlich.

Verlieren Sie also keine wertvolle Klartraum-Zeit durch langes Grübeln über Ihr Ziel. Legen Sie vorher fest, was Sie erleben möchten.

Ungewolltes Erwachen aus dem Klartraum

Viele Klarträumer berichten davon, aus einem Klartraum ungewollt aufzuwachen. Oft liest man in Foren von Aussagen wie »Unterbewusstsein verhindert Klarträume« oder Ähnliches.

Das Unterbewusstsein als etwas zu sehen, was Klarträume verhindert, halte ich für die falsche Einstellung. Warum man aus einem Klartraum ungewollt aufwachen kann, ist unbekannt. Meiner Theorie nach hängt dies mit der Funktion der Trübträume zusammen. In Kapitel 3.1 »1. Theorie: Übung für das Wachleben« wurde auf die Theorie eingegangen, dass Träume als Übung für das Wachleben dienen. Situationen werden durchgespielt, geübt, um auf diese im Wachleben besser vorbereitet zu sein. Trifft dies wirklich zu, ist es durchaus sinnvoll, dass man ungewollt aus einem Klartraum erwachen kann. Der Klartraum würde dann der Funktion des Trübtraumes widersprechen, denn im Klartraum ist man sich ja darüber bewusst, dass nichts real und dadurch nichts eine Gefahr ist. Der Sinn der Übung ginge dann im Klartraum verloren. Es wäre also durchaus verständlich, dass der Klartraum ohne unser bewusstes Zutun beendet wird.

Auch das falsche Erwachen spielt dieser Theorie zu. Der Klarträumer erwacht falsch aus einem Traum und glaubt, wirklich wach zu sein. Es wird ihm das Ende des Klartraumes vorgegaukelt. Oft ist auch die Klarheit nach einem falschen Erwachen einfach verloren und es folgt ein Trübtraum.
Ob dies wirklich zutrifft, oder es vielleicht ganz andere Gründe für ungewolltes Erwachen aus einem Klartraum gibt, kann im Moment niemand beantworten.

Keinesfalls möchte ich hier aber Klarträume als etwas darstellen, was die Funktion der Trübträume verhindert. Selbst wenn dem so wäre, überwiegt pro Nacht in der Regel die Anzahl der Trübträume im Vergleich zur Anzahl der Klarträume.

Die Funktion der Trübträume kann also durch Klarträume kaum beeinträchtigt werden.

Ein Klartraum ist etwas Natürliches und eine wunderbare Erfahrung, die jeder Mensch erlebt haben sollte.

7.10 Unerwartetes

Auch wenn der Klartraum unter der Kontrolle des Klarträumers steht, darf nicht unterschlagen werden, dass auch ungeplante Ereignisse eintreten können.

So erscheinen Traumfiguren aus scheinbar eigenem Antrieb

oder die Umgebung beginnt sich von alleine zu verändern. Machen Sie sich bewusst, dass Sie jede Veränderung, ganz nach Ihrer Vorstellung revidieren oder in die von Ihnen gewünschte Richtung lenken können.

Die Traumszenerie wird von alleine mit Details gefüllt. Betreten Sie ein unbekanntes Haus, ist dieses bereits eingerichtet. Sie müssen sich nicht im Vorraus um jede Einzelheit kümmern.

Gerade diese Unberechenbarkeit macht den Klartraum so reizvoll. So wird jeder Klartraum zu einem neuen Abenteuer! Lassen Sie sich überraschen! Sollte Ihnen das Ergebnis nicht gefallen, können Sie es jederzeit nach Ihren Wünschen verändern.

Gefangen im Klartraum?

Die Frage, ob man in einem Klartraum gefangen sein kann, wird überraschenderweise sehr oft gestellt. Nach meinen Erfahrungen ist dies nicht möglich. Doch wie kommt es zu solchen Berichten, in denen Klarträumer behaupten, im Traum gefangen zu sein?

Träume sind Wunscherfüllungen, ob positiv oder negativ. Angst kann ein überwältigendes Gefühl sein, oft genug lähmt einen die Angst. Es scheint, als lässt die Angst in diesem Moment keine anderen, positiven Gedanken zu.
Der Klarträumer kann an nichts anderes mehr denken und blockiert sich somit selbst.
Ich behaupte, dass solche Berichte von einer scheinbaren

Gefangenschaft alleine vom Klarträumer selbst ausgelöst werden.
In keinem meiner Klarträume hatte ich je dieses Problem, im Gegenteil: Viele meiner Klarträume endeten viel zu früh. Lassen Sie sich also von solch einer völlig unbegründeten Angst nicht blockieren.

Ein weiterer Aspekt ist die Wahrnehmung der Zeit, wie in Kapitel 4.4 im Unterpunkt *»Zeit im Klartraum und externe Reize«* bereits erläutert wurde. Haben Sie plötzlich Angst, im Klartraum gefangen zu sein und beschäftigen Sie sich gleichzeitig mit nichts anderem, kommt Ihnen die Zeit länger vor, als diese in Wirklichkeit verstreicht.

Beschäftigen Sie sich aber im gleichen Zeitraum mit einer Aufgabe, vergeht nicht mehr Zeit, als die ausgeführte Aufgabe beansprucht.

Die Angst verzerrt die Zeitwahrnehmung und verstärkt diese dadurch nur ...

Folgende Tipps können Ihnen eine Hilfe sein:

- Haben Sie keine Angst, es gibt wirklich keinen Grund dafür!

- Genießen Sie es! Viele Klarträumer sind enttäuscht, wenn ihr Klartraum bereits nach wenigen Minuten oder gar Sekunden zu Ende ist. Nutzen Sie diese Chance und erfüllen Sie sich all Ihre Klartraum-Wünsche! Sie werden schneller erwachen, als Ihnen lieb ist...

- Zählen Sie bis 100 oder zählen Sie die Häuser beziehungsweise Personen in Ihrer Umgebung.
- Wünschen Sie sich, falsch zu erwachen. Oft gehen Sie dadurch in einen Trübtraum über.
- Wünschen Sie sich, ganz aus dem Klartraum aufzuwachen. Verbinden Sie Ihren Wunsch mit einer Aktion im Klartraum: »Sobald ich diese Türklinke berühre, erwache ich!« Auch können Sie den Wunsch mit dem Berühren Ihrer Nase oder dem Zählen bis fünf verbinden. Es sind nicht unbedingt Objekte aus der Klartraum-Welt zur erfolgreichen Ausführung nötig.
- Starke Emotionen sollen einen aus dem Klartraum aufwecken. Finden und fordern Sie heraus, ob dies wirklich stimmt!
- Fliegen Sie so schnell, hoch und weit, wie Sie können, schlafen Sie mit Ihrem Traumpartner oder rufen Sie sich Ihr schönstes und emotionalstes Erlebnis in Ihr Gedächtnis oder noch besser – erleben Sie es einfach erneut.

Lassen Sie Ihrer Kreativität freien Lauf. Ist Ihr Wunsch stark genug, wird dieser in Erfüllung gehen.

Wichtig: Keine Angst!

Sie brauchen keine Angst zu haben, mit diesem Wissen kann Ihnen absolut nichts passieren. Die Angst, man könnte nicht mehr erwachen, hindert Sie daran einen wundervollen Klartraum zu erleben. Lassen Sie der Angst keine Chance und erfüllen Sie sich Ihre Wünsche im Klartraum.

7.11 Klartraum-Experimente

Fremdwörter erfragen/verschüttetes Wissen entdecken

Der Klarträumer versucht Erinnerungen abzurufen, auf die er im Wachleben keinen Zugriff hat.

Suchen Sie im Klartraum eine Traumfigur auf. Fragen Sie diese beispielsweise nach einem Fremdwort, welches Ihnen im Wachleben nicht bewusst ist.
Wichtig ist hier die Formulierung der Frage:

»Nenne mir bitte ein Fremdwort, welches ich nicht kenne.«

»Nenne mir ein Fremdwort, an welches ich mich im Wachzustand nicht erinnern kann.«

Sie können hier auch versuchen, alte Erinnerungen abzurufen. Wie sah Ihr Kinderzimmer im Detail aus? Besuchen Sie es einfach und überprüfen Sie mit Ihren Eltern, ob die Details korrekt sind.

Prägen Sie sich nun dieses Fremdwort/die Erinnerung gut ein. Meistens weiß man von alleine, wie das Fremdwort geschrieben wird. Diese Sicherheit in der Schreibweise ist einfach präsent. Sie können es sich aber auch von der Traumfigur buchstabieren lassen.

Nach dem Erwachen gilt es, das Wort/die Erinnerung zu überprüfen.

Nicht nur Fremdwörter, sondern allgemein verschüttetes Wissen kann so wieder »freigelegt« werden. Fragen Sie nach Details, an die Sie sich aktiv im Wachleben nicht erinnern können.

Unbekanntes und Unmögliches im Klartraum erleben

Im Klartraum gewinnt die Aussage »Unmögliches möglich machen!« eine völlig neue Bedeutung, denn nur hier trifft sie wirklich zu.

Reize und Eindrücke lassen sich abrufen, simulieren und sogar kombinieren.

Hier ein Traumbeispiel aus meinem Traumtagebuch:

Dauer: ca. 6 Minuten
Klarheit: sehr gut

Kontrolle: sehr gut
Helligkeit: sehr gut, kurze Dunkelheit; gewünschtes Licht kam sofort

Ich betrete das Wohnzimmer und gehe weiter in die Küche. Hier sehe ich eine Banane in einer Obstschale.

Ich will eine Frucht schmecken, welche es nicht gibt. Die Banane bekommt eine »apfelartige« Haut mit großen roten Flecken, die Schale verschwindet. Ich will einen ekstatischen Geschmack erleben. Als ich in die Frucht beiße, schmecke ich Banane, Aprikose oder Erdbeere und einen weiteren undefinierbaren, wundervollen Geschmack.

In einem anderen Klartraum kam ich in den Genuss, kochend heißes und gleichzeitig eiskaltes Wasser zu trinken. Es lässt sich schwer beschreiben, ist aber ein unglaubliches Erlebnis. Solch eine paradoxe Wahrnehmung ist nur im Klartraum möglich.

Der Nasen-RC oder die Möglichkeit, unter Wasser zu atmen, sind weitere Beispiele einer paradoxen, verschmolzenen und nur im Klartraum möglichen Art der Wahrnehmung.

Verwandeln Sie sich in ein Tier, versuchen Sie Licht zu schmecken oder erweitern Sie Ihr Blickfeld auf 360°...
Die Möglichkeiten sind praktisch unendlich!

Das Muskelgedächtnis trainieren

Das Muskelgedächtnis speichert unsere erlebten Bewegungsabläufe, um diese schneller abrufen zu können.
Wiederholt man einen Bewegungsablauf, geht dieser mit

genug Übung in das Muskelgedächtnis über und wird bei Bedarf automatisch und dadurch schneller ausgeführt. Man denkt nicht darüber nach, man macht es einfach.

Dieses Muskelgedächtnis lässt sich nicht nur im Wachleben trainieren, auch im Klartraum kann man die verschiedensten Techniken »im Schlaf« verbessern. Die Bewegung muss aber zuerst im Wachleben ausgeführt werden.

Im Klartraum ergeben sich hier gleich mehrere Vorteile: Es gibt kein Schmerzempfinden. Das Kampftraining gegen den Klartraum-Partner wird für Sie in keinster Weise schmerzvoll. Zusätzlich lässt sich jede Übung blitzschnell und beliebig oft wiederholen. Der Skifahrer spart sich so die Liftfahrt zurück auf den Berg.

Die Muskeln selbst werden dadurch nicht trainiert. Muskelaufbau im Schlaf ist also nicht möglich.

Es lassen sich so eine Vielzahl von Sportarten im Schlaf trainieren: Kampfsport, Skifahren und Skateboarden sind nur wenige Beispiele.

Schmecken und Riechen

Der Geschmacks – und Geruchssinn unterliegt im Klartraum der völligen Kontrolle des Klarträumers. Hier bieten sich wunderbare Erlebnisse an, welche auch noch mit einfachsten Mitteln erreicht werden können.

> *Nehmen Sie sich im Klartraum einen Gegenstand Ihrer Wahl.*

Wünschen Sie sich einen Geschmack/Geruch, den Sie erleben wollen.

Essen Sie den Gegenstand/riechen Sie daran.

Kombinieren Sie die verschiedensten Gerüche oder erschaffen Sie Ihre eigenen Kreationen.

Es warten kulinarische und olfaktorische Wunder und gar unmögliche Erlebnisse auf Sie!

Klarheit durch einen Traumcharakter

Wäre es nicht praktisch, sich von einer Traumfigur im Trübtraum daran erinnern zu lassen, dass man gerade träumt? Probieren Sie es doch einfach mal aus:

Suchen Sie eine Traumfigur, welche (am besten) öfters in Ihren Träumen erscheint und zu welcher Sie eine engere Beziehung haben (Traumfreund). Hier ist es hilfreich, wenn die Traumfigur eine Person aus Ihrem Wachleben repräsentiert, der Sie sehr nahe stehen, wie zum Beispiel ein Mitglied Ihrer Familie oder der Lebenspartner.

Bitten Sie diese, Sie im nächsten Trübtraum daran zu erinnern, dass Sie gerade träumen.
Wählen Sie eine Formulierung, die Ihnen am besten zusagt.

Es handelt sich hier um nichts anderes als eine direkte Suggestion. Die Bitte richten Sie zwar an eine Traumfigur, diese ist aber (vermutlich) nichts anderes als eine Repräsentation Ihres Unterbewusstseins.

Leider tritt bei dieser Art der Suggestion das gleiche Problem auf, wie bei der Autosuggestion: Es gibt keine Garantie des Gelingens. Es kann passieren, dass Sie die Traumfigur zwar im nächsten Trübtraum treffen, diese Sie aber nicht an den Traumzustand erinnert. Je enger die Beziehung zur Traumfigur ist, desto wahrscheinlicher werden Sie erfolgreich im nächsten Traum erinnert.

Fragen Sie die Traumfigur, ob Sie ihr behilflich sein können. Sie können die Traumfigur auch bitten, dass diese Ihr Traumfreund wird. So stärken Sie die Beziehung, was sich auf die Stärke der Suggestion auswirkt.

Traumarbeit

8.1 Traumdeutung

Dem Wort »Traumdeutung« eilt leider oft zu Unrecht ein schlechter Ruf voraus.
Dies liegt hauptsächlich an der starren und verallgemeinernden Deutung durch »Traumwörterbücher«.

Symbolen, Orten und Gegenständen werden eine einzige oder ein paar wenige Bedeutungen zugeordnet.

Diese Art der Deutung lässt den Charakter, vorangegangene Ereignisse und die persönlichen Filter des Träumenden außen vor.

Als Filter bezeichnet man die Wahrnehmung einer Person. Durch unsere Erziehung, die Umgebung und die Personen, mit denen wir aufwachsen, entwickelt jeder Mensch seine eigenen Filter. Bestimmte Dinge werden bewusst wahrgenommen, andere unbewusst ausgeblendet.

Sie kennen Ihre Ängste, Stärken und Eigenheiten am besten. Zusätzlich finden sich aktuelle Erlebnisse oft in den Träumen wieder, nur Sie wissen über das Geschehen der letzten Tage in allen, für Sie wichtigen Details, Bescheid.

Ohne diese Details ist eine sinnvolle Traumdeutung unmöglich oder führt fast immer zu einer falschen Deutung. Nur Sie selbst sind in der Lage, Ihre Träume richtig zu deuten.

Wie deutet man seine Träume richtig?

Schreiben Sie Ihre Träume so schnell wie möglich nach dem Erinnern auf und lassen Sie kein noch so unwichtig erscheinendes Detail weg. Warten Sie zu lange, vergessen Sie wichtige Details oder haben diese verfälscht in Erinnerung.

Machen Sie sich aber bewusst, dass nicht jeder Traum immer eine tiefgründige, wichtige Bedeutung besitzen muss. In manchen Träumen verbergen sich Hinweise, Tipps und Hilfen, nicht aber in jedem Traum.

Sehen Sie es so, dass nicht jeder Gedanke der Ihnen in den Kopf schießt, von großer Bedeutung ist. Aus dem ein oder anderen kann eine große Idee entstehen, nicht aber aus jedem.

Man bekommt mit der Zeit ein Gespür für wichtige Träume. Fertigen Sie Zeichnungen zu Symbolen oder der Umgebung an, so erinnern Sie sich besser an Ihre Träume und entdecken so eventuell neue Bedeutungen.

Was sagt Ihnen Ihr Gefühl, welche Personen, Objekte, Orte oder Aussagen waren wichtig? Wie stehen diese mit Ihrer aktuellen Situation im Wachleben in Verbindung? Was könnten diese bedeuten?

Lassen Sie den Traum auch einmal ein paar Tage ruhen und versuchen Sie diesen dann erneut zu deuten. Oft fällt einem dann die Bedeutung wie Schuppen von den Augen und man wundert sich, wie man die doch so offensichtliche Botschaft des Traumes nicht sofort erkennen konnte.

Nehmen Sie Ihre Träume nicht wörtlich. Handlungen und

Wünsche Ihres Abbildes im Traum können nicht analog auf Ihr Selbst im Wachleben übertragen werden.

Träume machen es einem nicht leicht, ihre wahre Botschaft zu entschlüsseln. Wer aber ein wenig Arbeit aufbringt, kann so sehr viel über sich selbst und sein seelisches Innenleben erfahren.

8.2 Kreativität

Trübträume sowie Klarträume sind ein schier unendlicher Brunnen an Kreativität. Schöpfen Sie aus den Vollen und nutzen Sie Ihre Träume als kreative Quelle. Das scheinbare Chaos im Traum zeigt oft neue Blickwinkel und ermöglicht so, neue, kreative Wege zu gehen. Es werden Verbindungen hergestellt und aufgezeigt, welche man im Wachleben vielleicht nie entdeckt hätte.

Kreatives aus Trübträumen

Der Trübtraum bietet dem Träumenden mehr, als man zu Anfang glauben mag.

Lassen Sie sich von Ihren Träumen kreativ inspirieren; sei es durch die Geschichte des Traumes selbst, welche so manche Romanautoren und Drehbuchschreiber nicht besser inszenieren könnten, oder sei es durch die sehr eindrucksvollen Bilder der Traumszenerie.

Trübträume bieten oft auf den zweiten Blick mehr als auf den Ersten. Wichtig ist, dass Sie Ihre Träume schriftlich festhalten. Durch das Festhalten in schriftlicher Form ändern Sie Ihre Betrachtungsweise des Geschehens, Sie sehen den Traum dadurch aus einem anderen Winkel und entdecken so oft etwas Neues.

Haben Sie den Traum notiert, sind Sie in der Lage, sich besonders auf einzelne Abschnitte zu konzentrieren und können so über Details nachdenken und dazu Ihre Gedanken kreisen lassen. Erst jetzt können Sie sich von Ihrem Traum distanzieren, ohne Angst haben zu müssen, dass Sie diesen teilweise oder komplett vergessen.

Fertigen Sie Zeichnungen zu Ihren Träumen an. Besondere Objekte, Symbole und Orte drängen sich quasi auf und wollen einfach auf Papier gebannt werden. Diese Zeichnungen sind oft der Funke, der eine kreative Idee ins Rollen bringt. Zeichnungen lassen sich visuell schneller erfassen, Sie müssen sich nicht erst in einen Text, der das Traumgeschehen beschreibt, einlesen. Sie wissen meist auf einen Blick, was in dem Traum, zu dem die Zeichnung gehört, passiert ist und können so zügiger Informationen aus dem Geschehen ziehen.

Der kreative Impuls muss sich natürlich nicht nur auf das Visuelle beschränken, auch wenn dies einen Großteil der Träume ausmacht. Auch Melodien oder Lieder tauchen in Träumen auf.

Scheint sich nichts Kreatives im Traum zu verstecken, lassen Sie Ihren Traum, genau wie bei der Traumdeutung, einfach ein paar Tage ruhen. Oft braucht man etwas Abstand, um das versteckte Potential des Traumes zu entdecken. Lesen Sie sich nach ein paar Tagen einfach erneut Ihre Träume durch.

Kreatives aus Klarträumen

Im Klartraum erweitern sich die Möglichkeiten, um an kreativen Output zu kommen, um ein Vielfaches.

Die Kontrolle über den Traum ermöglicht es dem Klarträumer, auf Wissen zuzugreifen, welches im Wachleben so nicht direkt verfügbar ist. Warum sich etwas vor dem geistigen Auge vorstellen, wenn man es direkt erschaffen, erleben und verändern kann?

> Erschaffen Sie einfach eine Kunstgalerie, spazieren Sie hinein und suchen Sie sich ein Bild aus, welches Sie anschließend im Wachleben nachzeichnen.
>
> Lassen Sie einen begabten Musiker erscheinen. Dieser soll Ihnen ein wundervolles Musikstück vorspielen. Nehmen Sie das Musikstück dann mit ins Wachleben und spielen Sie es nach.
>
> Lassen Sie einen Berater erscheinen, die Ihnen kreative Tipps und Anregungen gibt.
>
> Vermischen Sie Farben mit Tönen, malen Sie mit Ihrer Hand, machen Sie Ihre Umgebung zu Ihrer Leinwand!
>
> Gestalten Sie meterhohe Skulpturen, verbinden Sie Materialien... Versuchen Sie neue, ungewohnte Wege zu gehen!

Sie können im Klartraum das Rahmenszenario vorgeben und dann Ihrer Fantasie freien Lauf lassen. Beobachten Sie, wie sich der kleine Funke, den Sie zu Beginn vorgeben, in ungeahnte Richtungen entwickelt und neue kreative Verbindungen schafft.

Durch die Kontrolle können Sie jederzeit eingreifen, die Richtung ändern oder komplett neu beginnen. Die Möglichkeiten sind schier unendlich.

Lösen Sie sich von Ihren Beschränkungen aus dem Wachleben. Nur im Klartraum herrscht die reine, grenzenlose Kreativität!

8.3 Problemlösung und Selbsterkenntnis

Probleme lassen sich mit etwas Übung »im Schlaf« lösen. Wichtig ist es, sich am Tag mit dem Problem zu beschäftigen. Versuchen Sie zuerst eine Lösung im Wachleben zu finden, erst wenn Sie im Wachzustand auf keine Antwort stoßen, wird Ihnen Ihr Schlaf den richtigen Weg weisen.

Verdrängte Probleme lösen sich auch im Schlaf nicht von allein, Sie müssen aktiv an einer Lösung arbeiten. Erst dann werden Ihre Träume Sie in vollem Umfang unterstützen. Suggerieren Sie sich am Abend vor dem Einschlafen, dass Sie im Traum eine Lösung zu Ihrem Problem entdecken werden.

Beispielsweise:

»Im Traum erkenne ich, warum XY nicht funktioniert!«

»Ich träume heute, wie ich das Problem XY lösen kann!«

Es ist hier natürlich auch wichtig, Traumtagebuch zu führen. Analysieren Sie Ihre Träume und suchen Sie nach der Antwort. Diese muss nicht immer direkt und sofort ersichtlich sein.
Versuchen Sie Ihr Problem im Traum wieder zu erkennen. Denken Sie über den Traum und seine Bedeutungen nach. Die Beschäftigung und die neuen Elemente, die der Traum aufwirft, helfen Ihnen, eine neue Sichtweise zu gewinnen. Sollte sich Ihnen die Antwort nicht erschließen, lassen Sie den Traum ein oder zwei Tage ruhen. Beginnen Sie dann erneut mit der Suche.

Im Klartraum können Sie direkt um Hilfe bitten. In einem meiner eigenen Träume ließ ich einen Berater erscheinen, der mir bei einem aktuellen Problem behilflich war. Er gab mir Ratschläge und zeigte mir eine neue Sichtweise meines Problems. Ich erwachte glücklich und erleichtert, der Traum gab mir neue Energie.

Fragen Sie einfach eine Traumfigur um Rat zu Ihrem Problem. Sollte keine Traumfigur zugegen sein, sprechen Sie Ihre Frage einfach in den Raum hinein. Im Traum kann Ihnen alles eine Antwort geben, auch Gegenstände oder die Umgebung. Denken Sie daran: Im Klartraum wird alles von Ihrem

Geist erschaffen. Verabschieden Sie sich von den Regeln des Wachlebens.

Auch hier ist oft die Lösung nicht sofort im ersten Klartraum parat, lassen Sie aber nicht locker. Der kleinste Hinweis kann Sie Ihrer Antwort und Lösung näher bringen.

Mit der Problemlösung verbunden ist auch die Selbsterkenntnis im Klartraum. Sie können aus Ihren Klar – und Trübträumen sehr viel über sich selbst erfahren. Was sind Ihre wirklichen Ängste? Welche Ziele verfolgen Sie? Welche Schwächen haben Sie?

Selbsterkenntnis bedeutet aber nicht zwingend, seine Schwächen auszumerzen. Arrangieren Sie sich mit ihnen und akzeptieren Sie diese – oder gehen Sie dagegen vor. Der Klartraum bietet einfache Mittel und Wege – benutzen und beschreiten müssen Sie diese aber selbst.

8.4 Albträume

Treten Sie Ihren Ängsten gegenüber und bekämpfen Sie Ihre Albträume. Ändern Sie den Inhalt des Albtraums in etwas Angenehmeres oder machen Sie aus Ihrem Albtraum einen Klartraum.

Albträume ändern und neu schreiben

Werden Sie von einem wiederkehrenden Albtraum heimgesucht, verliert der Albtraum durch die folgende Methode seine Bedrohung und taucht meist nicht mehr auf.

Schreiben Sie dazu Ihren Albtraum detailliert auf. Ändern Sie aber den Teil, der Ihnen am meisten Angst bereitet.

Werden Sie zum Beispiel verfolgt und bedroht, ersetzen Sie diesen Teil durch etwas Positives und schreiben Sie den Traum um. So lassen Sie aus dem »Verfolger« einen Bekannten werden, den Sie schon lange nicht mehr gesehen haben, oder machen daraus eine Person, die Ihnen einfach nur Ihre verlorene Brieftasche zurückgeben will.

Lesen Sie sich Ihren Traum mit besserem Ende täglich direkt vor dem Schlafen durch. Versetzen Sie sich in das Gefühl des Traumes und spüren Sie die positive Wendung.

Oft wird schon nach wenigen Wochen der negative Teil des Albtraums durch den neuen, positiven Teil ersetzt. Der Albtraum strahlt nun keine Angst mehr aus, er wird zu einem normalen Traum und wird Sie nicht mehr heimsuchen.

Albträume in Klarträume umwandeln

Ein Albtraum kann Ihnen auch etwas Positives bieten: Er ermöglicht Ihnen die Chance auf einen Klartraum.

Suggerieren Sie sich am Tag, dass Sie heute Nacht den Zustand des Träumens als solchen erkennen werden, falls Ihr

Albtraum auftritt. Sollte der Albtraum keine wiederkehrenden Elemente besitzen, Sie sich aber sicher sind, dass es sich um den gleichen Albtraum handelt, suggerieren Sie sich, den Traumzustand beim Auftreten von großer Angst zu erkennen.

Den Wunsch, den Traumzustand zu erkennen, können Sie auch mit einem Reality-Check verbinden:

> *»Wenn ich heute wieder von XY träume, erkenne ich, dass ich träume!«*
>
> *»Wenn ich im Traum Angst spüre, erkenne ich dass ich träume/führe ich einen Reality-Check aus!«*

Sobald Sie in Ihrem Albtraum die Kontrolle erlangen, müssen Sie sich Ihren Ängsten stellen. So real und beängstigend der Traum auch wirken mag, Ihnen kann nichts passieren. Sie haben die Kontrolle!
Fragen Sie Ihren Verfolger beziehungsweise das, was die Angst auslöst, nach dem Grund warum er/es immer wieder in Ihren Träumen erscheint. Seien Sie dabei immer freundlich. Sie können auch dem Auslöser Ihrer Angst Ihre Hilfe anbieten und so daraus einen Traumfreund machen.

Oft verwandelt sich durch die Konfrontation das Bedrohliche in den wahren Grund, der Ihnen Angst bereitet. Haben Sie diesen erkannt, wird die Angst verschwinden. Der Albtraum hat Ihnen seine Botschaft vermittelt, und hat seinen Zweck erfüllt.

Das bedrohliche Gefühl verschwindet meist sofort. Suchen Sie unbedingt die Kommunikation. Sollte sich der Auslöser der Angst, zum Beispiel eine Traumfigur, weiterhin aggressiv verhalten, gilt es als allerletztes Mittel, Gewalt anzuwenden. Fragen Sie gegebenenfalls andere Traumfiguren um Mithilfe. Schaden können Sie hier nicht anrichten, dennoch sollte Gewalt wirklich das allerletzte Mittel sein. Versuchen Sie, wenn Sie im Kampf die Oberhand gewonnen haben, der Traumfigur den Grund zu entlocken, warum diese Sie in Ihren Albträumen heimgesucht hat.

Oft reicht es aber schon, wenn man sich seiner Angst stellt, und die Albträume treten kaum bist gar nicht mehr auf.

Aus meiner persönlichen Erfahrung kann ich sagen, dass ich kaum mehr Albträume erlebe, seit ich mit dem Klarträumen angefangen habe. »Albträume« sind meist nur noch spannende und etwas gruselige Träume. Die Neugier überwiegt, und ich bin eher am Geschehen interessiert und finde dies spannend. Von Angst kann man hier nicht sprechen.

Die Geschichte des Klarträumens

Einer der ersten Hinweise auf das Klarträumen findet sich im Jahr *340 n. Chr.*
Aristoteles beschreibt, dass einem manchmal etwas im Traum sage, dass Erlebte sei nur ein Traum.

800 n. Chr. praktizieren Buddhisten in Tibet die Technik des Traum-Yogas. Dies beinhaltet bewusstes Träumen, welches unter anderem durch Meditation erreicht wird. Sie sehen Traum-Yoga als Training an, da sie glauben, nach ihrem Tod in eine real wirkende »Scheinwelt« einzutreten. Diese Scheinwelt als nicht real zu erkennen, ist ein wichtiger Schritt zur Vereinigung mit Buddha. Das Traum-Yoga dient hier als Übung und Vorbereitung.

Léon d'Hervey de Saint-Denys beginnt im Alter von 13 Jahren, seine Träume aufzuschreiben.
Im Jahre *1867*, mit 45 Jahren, veröffentlichte er anonym sein Buch »Les Rêves et les moyens de les diriger« in denen er verschiedene Methoden zur Traumkontrolle beschreibt.

1898 beginnt Frederick van Eeden seine notierten Träume in zwei »Arten« aufzuteilen:

»Normale« Träume und jene, die ihm als wichtiger erscheinen. Diese wichtigen Träume nennt er als erster »lucid dreams«.
Von seinen 500 notierten Träumen handelt es sich bei 352 um luzide Träume.

1899 findet sich in Sigmund Freuds Hauptwerk »Die Traumdeutung« folgender Text:

»Dagegen gibt es Personen, bei denen die nächtliche Festhaltung des Wissens, dass sie schlafen und träumen, ganz offenkundig wird und denen also eine bewusste Fähigkeit, das Traumleben zu lenken, eigen scheint. Ein solcher Träumer ist zum Beispiel mit der Wendung, die ein Traum nimmt, unzufrieden, er bricht ihn, ohne aufzuwachen, ab und beginnt ihn von neuem, um ihn anders fortzusetzen, ganz wie ein populärer Schriftsteller auf Verlangen seinem Schauspiel einen glücklicheren Ausgang gibt. (...) Der Marquis d'Hervey behauptete, eine solche Macht über seine Träume gewonnen zu haben, dass er ihren Ablauf nach Belieben beschleunigen und ihnen eine ihm beliebige Richtung geben konnte«

1948 veröffentlichte der Psychiater Nathan Rapport einen Artikel mit dem Namen »Pleasent Dreams«, welcher vom Klarträumen handelt.

1968 veröffentlichte Celia Green ihr Buch »Lucid Dreams«. Das Phänomen des Klarträumens wurde nun immer bekannter. In der allgemeinen Wissenschaft wurden zu dieser Zeit Klarträume fälschlicherweise als kurze Wachphasen während des Schlafes angesehen.

1974 veröffentlicht Patricia Garfield ihr Buch »Kreativ Träumen«.

1975 zeichnte Keith Hearne die ersten Augenbewegungen eines Klarträumers aus dem Klartraum auf.

1980 erhielt Stephen LaBerge seinen Doktortitel von der Stanford University mit seiner Arbeit: »Lucid dreaming: an exploratory study of consciousness during sleep«

LaBerge trug Klarträumern im Labor auf, bestimmte Augenbewegungen im Klartraum durchzuführen. Diese wurden auf dem EOG (Elektrookulograf) sichtbar, gleichzeitig konnte festgestellt werden, dass der Proband schläft: der Beweis für luzides Träumen, eine im Traum bewusst ausgeführte Handlung.

Fast zeitgleich führte Keith Hearne dieselben Experimente unabhängig von LaBerge aus und kam zu den selben Ergebnissen.

9.1 Berühmte (Klar-)Träumer und ihre Errungenschaften

Friedrich August Kekulé von Stradonitz erschien im Traum eine Schlange, die sich in den eigenen Schwanz biss. Dadurch erkannte er die Struktur des Benzolrings.
Er sagt einmal in einer seiner Reden: »Lernen wir träumen, meine Herren, dann finden wir vielleicht die Wahrheit«.

Mozart beschreibt in Briefen, wie ihm Melodien im Traum »zugeflogen« sind.

Der Violinist *Giuseppe Tartini* verkaufte im Traum dem Teufel seine Seele, dieser spielte ihm dafür ein Lied auf der Violine. Als Tartini erwachte, versuchte er das Lied nachzuspielen. Daraus entstand, wie er selbst behauptete, sein bestes Stück. Er nannte es die Teufelssonate. Diese Variante käme aber nicht an das im Traum vernommene Original heran.

Samuel Taylor Coleridge wurde das Gedicht »Kubla Khan« im Traum zugetragen.

William Blake bekam im Traum ein Verfahren zum Kupferstechen beschrieben, welches im Wachleben tadellos funktionierte.

Hermann Hillprecht träumte von einem Priester, der ihm von zwei Tempel-Bruchstücken berichtet, welche ehemals ein Stück waren.
Die mit Inschriften versehenen Bruchstücke befanden sich zwar im selben Museum, aber an verschiedenen Orten.

Die Bruchstücke fügten sich problemlos zusammen und ermöglichten dadurch das Entziffern der sich darauf befindenden Inschrift.

Otto Loewi vermutete schon lange, dass die Übertragung von Nervenimpulsen im Körper über chemische Substanzen vonstatten ging, konnte dies aber nie beweisen.
Im Traum wurde ihm gesagt, er solle Versuche an einem Froschherzen durchführen. Am nächsten Tag tat er, wie Ihm gesagt wurde, und konnte dadurch seine Vermutung bestätigen.

Robert Louis Stevenson wurde im Traum von netten Heinzelmännchen besucht, die für ihn Geschichten aufführten. Eine dieser Geschichten, die zum Teil aufgeführt wurde, notierte er und nannte sie »Der seltsame Fall des Dr. Jekyll und Mr. Hyde«

Dimitri Iwanowitsch Mendelejew, Erfinder des Periodensystems der Elemente, fand die richtige Anordnung der Elemente im Schlaf.

James Cameron, Regie und Drehbuch des Films »Terminator«:

»I got sick and in this kind of fevered state, I had a dream about this kind of chrome skeleton emerging out of a fire, and you know it was this horrible nightmare. And I love nightmares«

»Ich wurde krank und in diesem fiebrigen Zustand träumte ich von einem Chrom-Skelett, welches sich aus einem Feuer erhob, und, weißt du, es war ein schrecklicher Albtraum. Und ich liebe Albträume.«

Paul McCartney erwachte eines Morgens mit der Melodie des Songs »Yesterday«.

Lewis Carroll wurde angeblich durch einen Klartraum zu Alice im Wunderland inspiriert

9.2 Die Attikamek-Indianer

Die Attikamek-Indianer leben in den Wäldern von Nord-Kanada (im Südwesten von Québec) und zählen ca. 6.700 Personen.

Sie besprechen jeden Morgen gemeinsam ihre Träume, beratschlagen sich und interpretieren diese gegenseitig. Für die Attikamek-Indianer haben Träume ohne Zweifel eine Bedeutung.

9.3 Tibetische Traum Yogis

Das Erste, was der Yogi lernt, ist seine Körperwärme zu beeinflussen. Durch Meditation und Übung halten die Traum-Yogis die schlimmste Kälte aus. Nackt, im Schneidersitz und mit feuchten Tüchern bedeckt, harren sie im kalten

Schnee aus. Wer es nun zustande bringt, die Tücher durch seine Körperwärme zu trocknen, besteht die erste Prüfung: *Die Lehre der psychischen Wärme.*

Sechs Prüfungen muss jeder Yogi auf dem Pfad der Erkenntnis meistern. Die zweite Lehre nennt sich die *Lehre des trugvollen Körpers*, und diese hat der Yogi bereits mit der ersten Prüfung erlernt. Er kann bereits seinen Körper kontrollieren.

Jetzt muss er die dritte Lehre beherrschen, die *Lehre vom Zustand des Traumes.* Er muss erkennen, dass die Wahrnehmung im Wachleben und während des Traumes von ihm selbst erzeugt wird. Hierzu erlernen die Yogis das Klarträumen als Vorbereitung auf den Nachtod-Zustand, den Bardo.

Hierdurch kann er die Klarheit der Wahrnehmung erkennen und die vierte Lehre, die *Lehre vom reinen Licht* erlernen. Dies bedeutet, dass alles im Universum nur ein Teil des »höchsten Traumes« ist, dem Traum des Buddha. Wenn Buddha erwacht, endet dieser Traum und damit unsere Schöpfung. Der Yogi selbst ist also nur ein winziger Teil in diesem riesigen Gefüge. Nur durch diese Erkenntnis erfährt er das »Einssein«, das Nirvana.

Der Yogi wird am Ende seines Lebens sterben und in den Nachtod-Zustand übergehen. Dieser Zustand wird je nach Lebensstil und Erkenntnisgrad mindestens 49 Tage dauern. Es können aber auch mehrere 1000 Tage sein. Der Bardo ist eine Art verlängerter Traumzustand, in welchem dem Yogi schreckliche Visionen und Schmerzen widerfahren.

Der Yogi hat zu seinen Lebzeiten einen Guru, dessen Aufgabe es ist, ihn auf den Bardo vorzubereiten. Dies ist die fünfte

Lehre, die *Lehre vom Zustand nach dem Tode.*

Er muss im Bardo erkennen und sehen, dass all dies nicht »wirklich« ist und seinem Geiste entstammt. Schafft er dies, wird er eins mit Buddha. Er wird aber durch die Wiedergeburt, den Schoß der Mutter, in Versuchung geführt. Gibt er dieser Versuchung nach, wird er in einer von sechs Welten wiedergeboren:

Götterwelt

Titanenwelt

Menschenwelt

Tierwelt

Die Welt der unglücklichen Geister

Höllenwelt

Die Wiedergeburt, auch wenn sie den »Rettungsfallschirm« aus dem Bardo darstellt, muss natürlich auch gelernt sein. Dies ist die sechste und letzte Lehre: *Die Lehre der Bewußtseins-Übertragung*

Nur durch Meditation und der Erkenntnis, dass der Bardo nicht wirklich ist, kann er den grauenhaften Visionen und Schmerzen und der Wiedergeburt (welche ja bedeutet, dass er alle Lehren erneut lernen muss) entkommen.

Am Sterbebett soll jedem Yogi das Bardo Thödol vorgelesen werden, ein Buch, in dem Verse und Mantras enthalten sind, die dem Yogi den Weg zur Erkenntnis im Bardo weisen.

Verwendete und weiterführende Literatur/Quellen

The Mystique Of Dreams – G. William Domhof, University of California Press

Exploring the World Of Lucid Dreaming – Stephen LaBerge/Howard Rheingold

Hellwach im Traum – Stephen LaBerge

Träume bewusst steuern – Celia Green/Charles McCreery

Kreativ Träumen – Patricia Garfield

Herrscher im Reich der Träume – Jayne Gackenbach und Jane Bosveld

Der Traum – Malcom Godwin

Schöpferisch Träumen – Phaul Tholey/Kaleb Utecht

Träume – Michael Schredl

The Films of James Cameron: Critical Essays – Matthew Wilhelm Kapell, Stephen McVeigh

Schlaf und Traum – Michel H. Wiegand, Flora von Spreti, Hans Förstl

Anleitung zum Klarträumen – Daniel Eralcher

Praxis des Traum-Yoga – Swami Sivananda Rdha

Übungen der Nacht – Tenzin Wangyal Rinpoche

Band 2/3: Die Traumdeutung / Über den Traum - Siegmund Freud

The Films of James Cameron: Critical Essays - Matthew Wilhelm

http://animus.fateback.com/animus/klartraum/1.html

http://animus.fateback.com/animus/klartraum/2.html

http://animus.fateback.com/animus/klartraum/3.html

http://animus.fateback.com/animus/klartraum/4.html

http://animus.fateback.com/animus/klartraum/5.html

http://animus.fateback.com/animus/klartraum/6.html

http://animus.fateback.com/animus/klartraum/7.html

http://www.mpipsykl.mpg.de/institute/news/press/pr1111.html

http://www.hf.uni-koeln.de/30672

http://de.wikipedia.org/wiki/August_Kekulé

http://de.wikipedia.org/wiki/Samuel_Taylor_Coleridge

http://de.wikipedia.org/wiki/William_Blake

http://de.wikipedia.org/wiki/Hermann_Volrath_Hilprecht

http://de.wikipedia.org/wiki/Otto_Loewi

http://de.wikipedia.org/wiki/Giuseppe_Tartini

http://de.wikipedia.org/wiki/Klartraum

http://de.wikipedia.org/wiki/Robert_Louis_Stevenson

http://de.wikipedia.org/wiki/Dmitri_Iwanowitsch_Mendelejew

http://www.lucidity.com/vanEeden.html

http://de.wikipedia.org/wiki/Frederik_van_Eeden

http://de.wikipedia.org/wiki/Elektrookulografie

http://de.wikipedia.org/wiki/Traumyoga

http://de.wikipedia.org/wiki/Léon_d'Hervey_de_Saint-Denys

http://de.wikipedia.org/wiki/Sigmund_Freud

http://de.wikipedia.org/wiki/Attikamek

Über den Autor

Mein Weg zum Oneironauten

Ende 2010 wurde ich auf das Thema »Klarträume« aufmerksam und es zog mich sofort in seinen Bann! Voller Vorfreude lernte ich einige Techniken kennen und fing an, Traumtagebuch zu führen. Bereits nach 14 Tagen durfte ich in den Genuss meines ersten Klartraums kommen. Ein überwältigendes Erlebnis, welches ich wohl nie vergessen werde!

Das Feuer der Begeisterung für Klarträume war nun völlig entfacht!

Passion Klarträumen

Der für mich einzig logische nächste Schritt war, ein eigenes Klartraumforum zu eröffnen. So entstand im Juli 2011 das KT-Forum und kurz darauf auch der Klartraum Blog.

Mittlerweile durfte ich hunderte Klarträume erleben und konnte reichlich Erfahrung in den verschiedensten Klartraumtechniken sammeln. Diese Erfahrungen, Tipps & Tricks möchte ich nun an alle Klarträumer und jene, die es noch werden wollen, in diesem Buch weiter geben.

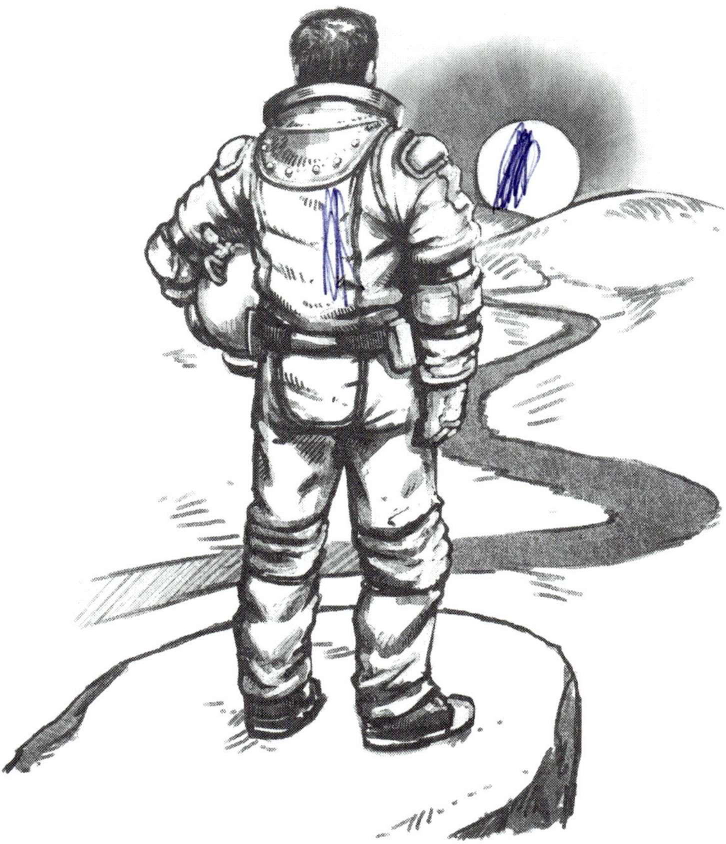

Nachwort

Ihre Ausbildung zum Oneironauten ist nun abgeschlossen. Jetzt gilt es, Erfahrungen zu sammeln und neugierig die Welt Ihrer Träume zu erforschen.

Es stehen Ihnen alle Wege offen, meistern Sie aufregende Abenteuer oder bekämpfen Sie Ihre Ängste. Entwickeln Sie sich durch Ihre Träume weiter oder haben Sie einfach nur Spass. Egal welchen Weg Sie beschreiten, er wird Ihr Leben bereichern.

Ich hoffe, dass Sie durch mein Buch auf den Geschmack des Klarträumens gekommen sind und dass Sie, wie ich, viel Kraft, Lebensfreude und Liebe daraus schöpfen werden. Vielleicht verändern Klarträume auch Ihr Leben so, wie sie meines verändert haben.

Nicht einmal im Traum wäre ich auf die Idee gekommen, jemals ein Buch zu schreiben. Viel Arbeit, Herzblut und Liebe haben diese Seiten geformt. Jedes neue Wort, jede abgewandelte Formulierung, jede Idee und jede niedergeschriebene Erfahrung hat nicht nur dieses Buch verändert, sondern veränderten auch mich. So wie ich dieses Buch geformt habe, hat es auch mich geformt.

Jedem, der mich auf dieser Reise begleitet hat, bin ich sehr dankbar. Auch Ihr habt dieses Buch geformt und seid, wie ich, ein Teil davon.

Die Vorstellung, dass Sie, der Leser, dieses Werk gerade in Ihren Händen halten, weit entfernt oder ganz nah, ist für mich nur schwer greifbar. Dennoch erfüllt es mich mit ungeheurer Freude und Neugier, wer wohl auf der anderen Seite des Buches sitzt.

Klarträumen ist eine Passion, die mich vielleicht nie verlassen wird und aus mir das gemacht hat, was ich heute bin:

Ein Oneironaut.

Nun bleibt mir nur noch eins zu sagen:

Viele Grüße und klare Träume,

Simon Rausch

A
Adrenalin 41, 76
Alb 30
Albtraum 71, 103, 188, 191, 199
Alkohol 95, 101, 106
Aristoteles 195
Atmung 24, 29 – 31, 59, 60, 129, 139, 140, 174
Augen 23 – 27, 29, 34, 35, 42, 55, 58, 70, 77, 102, 103, 105, 124, 129, 130, 139 - 141, 146, 147, 149, 151, 158, 160, 182, 185, 197
Augenbewegungen 23, 24, 26, 27, 29, 55, 77, 129, 160, 197
Augenlid 26, 29, 129, 140
Autosuggestion 57, 89, 101, 116, 118 – 120, 122, 177

B
Bardo Thödol 201 – 203
Benzol 197
bewegungsunfähig 26, 28, 30
Blickfixation 77
Buddha 195, 201, 202

C
CAT - Cycle Adjustment Technique 57
Celia Green 196

D
Dämon 30
DEILD – Dream Exit Induced Lucid Dream 57, 124, 125, 134, 137
Déjà-vu 65, 110
Diktiergerät 92
DILD – Dream Induced Lucid Dream 41, 56, 57, 107, 113, 124, 125, 126
Dimitri Iwanowitsch Mendelejew 199
Dreamsign 54, 95 – 97, 104
Dreh-RC 62 – 64

E
Edward Wolpert 85, 86
EEG 26
Einschlafphase 22, 24, 128
Elektroenzophalografie 26
Elektrookulografie 197
Emotionen 67, 159, 171
Entspannung 25, 30, 34 – 37, 102, 124 – 127, 129 – 132, 134, 135, 139
EOG 197
externe Reize 74, 82, 84, 85, 170

F
Fallen 24
falsches Erwachen 55, 71, 72, 162, 168, 171
Finger-RC 60
Frederick van Eeden 195
Friedrich August Kekulé von Stradonitz 197

G

Gefahr 28, 30, 44, 75 – 77, 154
gefangen 79, 169 – 172
Gehirn 24, 26, 76, 82, 127
Geist 24, 28, 37, 52, 66, 76, 127, 128, 132, 138, 139, 141, 188, 202
gelähmt 21, 26 – 28
Gene 25
Geräusche 24, 29, 32, 86, 106, 129, 150, 152
geträumter Klartraum 56, 70, 71
Giuseppe Tartini 198
Gleichgewicht 24
Glücksgefühle 41, 67, 76

H

Halluzination 29, 31, 32, 41, 55, 56, 129
Hand-RC 61
Haupttraumphase 25,33, 98, 116
Hermann Hillprecht 198
Herzrasen 29,129
Hormone 25
hypnagog 29, 31, 32, 41, 55, 56, 129 – 131
hypnopomp 29, 31, 32, 41, 55, 56, 129

I

Innenohr 24
instabil 63,159

J

James Cameron 199

K

Kaumuskel 36
Keith Hearne 197
Kiefer 35,36
Koffein 33,101
Kreativität 96, 171, 183
kritisch 41, 54, 69, 89, 107, 109, 110, 126
kritischer Moment 69, 70
Kurzzeitgedächtnis 64

L

Lähmung 26, 28, 29, 55
leichte Schlaf 22,24
Lese-RC 61,64
Lewis Carroll 200
Logik 41, 58, 69, 70, 81, 125

M

Meditation 37, 102, 117, 138 – 140, 195, 200, 202
MILD – Mnemonic Induced Lucid Dream 57, 122 – 124
Motivation 94, 121
Mozart 198
Muskelkontraktion 24,156
Muskelspannung 24
Muskeltonus 24
Mythen 30

N

Nasen-RC 59, 60, 174
Nathan Rapport 196
Non-REM / NREM 22, 24 – 26, 55, 84

O

Oneironaut 5,55
Otto Loewi 199

P

paradox 26, 34, 59, 174
Paralyse 26, 28 – 31, 55, 124, 129, 136
Patricia Garfield 196
Paul McCartney 200
Periodensystem 199
Perspektive 45,46
Phantomgeräusch 29, 32, 129
präfrontale Cortex 51
Präluzid 56, 69, 70, 95
Problemlösung 186
progressive Muskelentspannung 35

R

Rapid Eye Movement 22, 23, 55
Reality Check 41, 54, 58 – 68, 70, 72, 89, 97, 107 – 110, 114, 125, 126, 141, 142, 152, 190
REM-Phase / REM 22, 23, 25 – 28, 33, 43 – 44, 55, 74, 77, 84, 98, 99, 101, 102, 106, 114 – 116, 134, 160
Robert Louis Stevenson 199

S

Samuel Taylor Coleridge 198
Schlaflabor 26,27
Schlaflähmung 26, 28, 55
Schlafmaske 101, 117
Schlafparalyse 26, 28 – 31, 55, 124, 129, 136
Schlafphasen 21, 22, 23, 25, 26, 55, 99, 114 – 116, 127, 134
Schlafposition 34, 103, 135, 136
Schlafstarre 26, 28, 55
Schlafwandeln 21,25
Schmerzen 71, 77, 78, 175, 201, 202
schnell einschlafen 21, 33 – 37
Sex 44, 93, 154 – 157
Shared Dreams 54
Sichtfeld 34, 80, 146 – 148, 161, 168
Sigmund Freud 196
Signale 24,59
Sinne 28, 52, 59, 83, 113, 128, 129, 131
Somnambulie 25
Sprung-RC 63,64
Stabilisation 62, 63, 155, 159 – 162
Stadien 25, 68, 69
Stadium 22, 24 – 25

Stephen LaBerge 122, 156, 197
sterben 21, 71, 78, 201
Stolpern 24
Stress 21, 95, 106, 139
Succubus 30

T

Teufelssonate 198
Tibet 195, 200
Tiefschlaf 22, 23, 25
Tod 21, 78, 195, 201, 202
Traum-Yoga 195
Traumdeutung 186, 191
Traumerinnerung 54, 73, 78, 90, 91, 94, 95, 97 – 100, 102, 103, 105, 106, 121
Traumerinnerungs-Killer 106
Traumfigur 54, 81, 148, 149, 154, 163 – 166, 176
Traumtagebuch 54, 78, 91 – 96, 98, 100, 104, 116, 117, 173, 187, 209

U

Uhren-RC 62
umgekehrtes Blinzeln 34
ungewollt 28, 63, 76, 77, 139, 140, 159, 167, 168
Unterbewusstsein 54, 57, 149, 150, 164, 167, 176

V

Visualisieren 35, 122, 132, 140 – 142, 149
Void 56

W

Wahrnehmung 25, 28, 34, 45, 54, 73, 79 – 84, 128, 131, 155, 170, 174, 181, 201
WBTB – Wake Back To Bed33, 57, 114 – 117, 122, 126, 134
WILD – Wake Induced Lucid Dream 28, 33, 56, 107, 113 – 115, 124 – 126, 128, 130, 134 – 137, 141
William Blake 198
William Dement 85, 86

Y

Yoga 195

Z

Zähneknirschen 36
Zellteilung 25
Zucken 24

8163990R00130

Printed in Germany
by Amazon Distribution
GmbH, Leipzig